AF638049

Sonderzahl

Emmanuel Levinas

Ethik als Erste Philosophie

Aus dem Französischen übertragen
und mit einem Nachwort versehen
von Gerhard Weinberger

Sonderzahl

www.sonderzahl.at

2. Auflage 2022
Alle Rechte vorbehalten.
© 2022 Sonderzahl Verlagsges.m.b.H., Wien
© »Éthique comme philosophie première«: Michaël Levinas
Lektorat: Suzanne Kirsch
Gesetzt aus der Bembo und der NN Allegra
Druck: Gyomai Kner
Umschlag von Matthias Schmidt
ISBN 978 3 85449 600 7

Inhalt

Emmanuel Levinas

Ethik als Erste Philosophie

I.

Die Korrelation zwischen dem Erkennen, als selbstlose Kontemplation verstanden, und dem *Sein* ist, gemäß unserer philosophischen Tradition, der Ort des Intelligiblen schlechthin, des Auftauchens von Sinn. Das Verstehen des Seins – die Semantik dieses Verbums – wäre demnach die Möglichkeit oder die Chance der Weisheit und der Weisen schlechthin, und in diesem Sinn *Erste Philosophie*. Das intellektuelle Leben – ja selbst das geistige Leben – des Abendlandes bestätigt durch den Vorrang, den es dem mit dem Geist gleichgesetzten Erkennen einräumt, seine Treue gegenüber der Ersten Philosophie des Aristoteles, gleichgültig, ob man diese gemäß der Ontologie des Buches *Gamma* der *Metaphysik* interpretiert oder gemäß der Theologie oder Onto-Theologie des Buches *Lambda*. In diesem bleibt der Bezug zwischen Intelligibilität und der ersten Kausalität Gottes Bezugnahme auf einen Gott, der durch das Seiende als solches definiert wird.

→ Korrelation / Noesis / Noema

Die Korrelation zwischen Erkennen und Sein, die Thematik der Kontemplation, bedeutet sowohl einen Unterschied als auch eine *Überwindung dieses Unterschiedes* im *Wahren*, in dem das Bekannte verstanden und solcherart durch das Wissen angeeignet

→ Alterität / Antlitz

wird und dadurch wie von seiner Alterität *befreit* wird. In der Wahrheit wird das *Sein,* als das *Andere* des Denkens, zum *Eigentlichen* des *Denken-Wissens.* Schon das Ideal der Rationalität oder des Sinns kündigt sich als Immanenz der Vernunft im Wirklichen an; und zwar so, wie sich im Sein das Privileg der

présent

Gegenwart° als Gegenwärtigkeit vor dem Denken attestiert; eine Gegenwart, von der Zukunft und Vergangenheit Modalitäten oder Modifikationen

re-présentations

darstellen: eben Ver-Gegenwärtigungen°.

Aber im Wissen kündigt sich auch der Begriff einer intellektuellen Aktivität oder eines vernünftigen Willens an – ein bestimmtes Tun, welches genau darin besteht, erkennend zu denken, sich den Unterschied im Sein zu eigen zu machen, ihn zu begreifen, ihn auf die Gegenwart zu reduzieren, ihn sich zu vergegenwärtigen – eine Aktivität, die sich die Alterität des Bekannten *aneignet* und *begreift.*

Ein bestimmtes Begreifen: Als Bekanntes macht sich das Sein zum Eigentlichen des Denkens, es wird vom Denken ergriffen. Das Erkennen als Wahrnehmung, als Konzept, als Verstehen, verweist auf ein Ergreifen. Eine buchstäblich zu verstehende Metapher: Schon vor jeder technischen Anwendung von Wissen bringt sie eher das Prinzip zum Ausdruck als das Resultat der zukünftigen technologischen und industriellen Ordnung, die jede Zivilisation zumindest im Keim in sich trägt. Die Immanenz des Bekannten im Erkennen ist bereits die verkörperte Praxis der Inbesitznahme; diese wird nicht der »ohnmächtigen Spiritualität« des Denkens hinzugefügt, als ob sie Magie wäre, noch besteht sie darin, dessen psychophysiologische Bedingungen sicherzustellen, sondern sie gehört zur Einheit des Wissens, in dem das *Auffassen** auch, wie wohl seit jeher, ein *Fassen** ist. Das Denken des Wissens ist konkrete Existenz des Menschen in einer Welt, die er bewohnt. Die abstraktesten Lektionen der Wissenschaft – Husserl hat das in seiner *Krisis* gezeigt – beginnen in der »Lebenswelt« und beziehen sich auf die Dinge, die mit der Hand ergriffen werden können. Auf diese Hand verweist konkret die Idee einer »gegebenen Welt«. Die Dinge versprechen Befriedigung° – sie entsprechen in ihrer Konkretheit genau dem erkennenden Denken. Das Denken als Wissen ist schon Denk-

Deutsch i. O.

satis-faction

arbeit. Denken des Gleichen und Adäquaten, dessen, was Befriedigung gibt. Die Rationalität der Wesen liegt an ihrer Gegenwart und Angemessenheit. Die Vorgangsweise des Wissens stellt diese Rationalität
→ Diachronie
hinter der Diachronie des *Werdens,* in der sich die Gegenwart ereignet oder vorwegnimmt, wieder her. Das Wissen ist Ver-Gegenwärtigung, Rückkehr zur Gegenwart, nichts darf dort *Anderes* bleiben.

Aktivität des Denkens; zweifellos unabhängig von jeder ihr äußerlichen Finalität Aneignung durch das Wissen, eine Aneignung; uneigennützige Aktivität, die sich selbst genügt, und deren Selbstgenügsamkeit und Souveränität, deren gutes Gewissen und glückliche Einsamkeit Aristoteles bekräftigt. »Der Weise, sich selbst überlassen, kann sich noch der Kontemplation hingeben«, sagt Aristoteles in der *Nikomachischen Ethik* (10,7; 1177a). Königliche und scheinbar bedingungslose Aktivität. Souveränität, die nur als Einsamkeit möglich ist. Bedingungslose Aktivität, beim Menschen einzig durch die biologischen Bedürfnisse und den Tod begrenzt. Aber dieser Begriff ermöglicht es, den des *rein Theoretischen* zu erhalten, seiner Freiheit, der Gleichwertigkeit zwischen Weisheit und Freiheit, der partiellen Koinzidenz des Menschlichen mit dem göttlichen Leben, von der Aristoteles am Ende von Kapitel 7 des Buches 10 der *Ethik* spricht, in dem zweifellos schon das befremdliche und widersprüchliche Konzept der *endlichen Freiheit* angelegt ist.

Die *Kontemplation* oder das *Wissen* und die *Freiheit des Wissens* werden, durch die gesamte abendländische Philosophiegeschichte hindurch, den eigentlichen Atem des Geistes ausmachen. Das Wissen ist der Psychismus oder das Pneuma des Denkens, → Psychismus selbst im *Fühlen* und *Wollen*. Es findet sich zu Beginn der Neuzeit als Konzept des *Bewusstseins* wieder, ausgehend vom Verständnis des Konzepts des *Cogito,* wie es Descartes in seiner Zweiten Meditation ausgeführt hat. Und Husserl wird, auf eine mittelalterliche Tradition zurückgreifend, das Bewusstsein als Intentionalität beschreiben, als »Be- → Intentionalität wusssein von etwas«, untrennbar von seinem »intentionalen Objekt« in seiner noetisch-noematischen Struktur, für die die Vergegenwärtigung oder Objektivierung das unbestreitbare Modell bleibt. Jedes menschliche Erleben wird bis heute – und vor allem heutzutage – in Begriffen der Erfahrung ausgedrückt, d.h., in erhaltene Lektionen, in Unterweisungen, in Wissen umgewandelt. Die Beziehungen mit dem Nächsten, mit der sozialen Gruppe, mit

Gott bedeuten von nun an auch kollektive und religiöse Erfahrungen.

Das Typische der Moderne besteht seither darin, die Identifizierung und Aneignung des Seins *durch* das Wissen bis zur Gleichsetzung von Sein *und* Wissen zu treiben. Der Übergang vom *cogito* zum *sum* geht so weit: Auch die freie Aktivität des Wissens findet sich, von jeder äußeren Finalität losgelöst, auf Seiten des Bekannten wieder. Sie – die freie Aktivität des Wissens – wird auch den inneren Handlungsstrang des Seins als Sein bilden, nämlich das bereits Bekannte des Wissens. *Die Weisheit der Ersten Philosophie* beschränkt sich auf das *Selbstbewusstsein*. Identität des Identischen und des Nicht-Identischen. Die Arbeit des Denkens überwindet jegliche Alterität der Dinge und der Menschen. Jede scheinbar noch außerhalb der Selbstlosigkeit des Erkennens stehende Finalität ordnet sich, seit Hegel, der Freiheit des Wissens unter; und in dieser Freiheit wird das *Sein seitdem* als *aktive Bestätigung dieses Seins selbst* verstanden, als die *Kraft und Anstrengung, zu sein.* Der moderne Mensch beharrt in seinem Sein als Souverän, dem es ausschließlich um die Absicherung des Machtbereichs seiner Souveränität geht. Alles, was möglich ist, ist erlaubt. Die Erfahrung von

»Natur« und »Gesellschaft« überwindet Schritt für Schritt jede Exteriorität – oder ist gerade dabei, sie zu überwinden. Wunder der modernen abendländischen Freiheit, die von keiner Erinnerung, von keinerlei Reue gestört wird, und die sich zu einer »strahlenden Zukunft« hin öffnet, in der alles wieder gutgemacht werden kann. Nur angesichts des Todes ist sie wehrlos. Das Hindernis des Todes wird unannehmbar, zutiefst unverständlich, unvermeidbar bleiben. Sphäre des Irreparablen. Das Anerkennen der Endlichkeit wird zwar zu einer neuen Befragung der Ontologie führen. Aber weder die Endlichkeit noch der Tod werden das gute Gewissen, zu sein, in Frage gestellt haben, wo die Freiheit des Wissens verbleibt; Endlichkeit und Tod zeigen bloß die Grenzen ihrer Macht auf.

II.

Wir wollen uns in diesem Vortrag fragen, ob das Denken, das seit der Ontologie der Ersten Philosophie als Wissen verstanden wird, die Bedeutungsmöglichkeiten des Denkens ausschöpft, und ob hinter dem Wissen und seinem Zugriff auf das Sein nicht eine dringendere *Weisheit* auftaucht. Wir werden versuchen, von der Intentionalität auszugehen, wie sie in der Husserl'schen Phänomenologie, einem der Höhepunkte der abendländischen Philosophie, auftritt. In ihr wird auf besonders direkte Weise die Gleichsetzung des Denkens mit dem Wissen in seiner Beziehung zum Sein formuliert. Husserl arbeitet zwar die Idee einer ursprünglichen, nicht-theoretischen Intentionalität des affektiven und aktiven Lebens des Bewusstseins heraus; er hat als deren Basis stets an der *Vorstellung* – also einem objektivierenden Akt – festgehalten. In dieser Hinsicht hat er den Standpunkt Brentanos – trotz aller Vorsichtsmaßnahmen, die er in seine Neuformulierung die-

→ Intentionalität

ser These eingebaut hat, übernommen. Das Wissen im Bewusstsein – das Bewusstsein von etwas ist – ist jedoch gerade dadurch Verhältnis zu einem *Anderen* des Bewusstseins, und als solches ein Anvisieren oder das Wollen dieses Anderen als *Objekt*. Wenn Husserl uns auffordert, die Intentionalität des Bewusstseins zu hinterfragen, dann möchte er, dass wir uns fragen: »worauf sie eigentlich hinauswill«,* Intention oder Wille, der im Übrigen die Bezeichnung als Akt rechtfertigen würde, die den Bewusstseinseinheiten gegeben wird. Und beschreibt gleichzeitig das Wissen, in der Anschauung der Wahrheit, als »Erfüllung«, als Befriedigung eines Trachtens nach dem Objekt-Sein, das entweder gegeben und als solches ergriffen wird, oder das in einer Vorstellung *gegenwärtig* ist. Zugriff auf das Sein, der einer Konstitution dieses Seins gleichkommt. Die »transzendentale Reduktion«, die jede Unabhängigkeit in der Welt aufhebt, außer der des Bewusstseins selbst, lässt uns die Welt als *Noema* wiederfinden und führt – oder müsste führen – zum vollen Selbstbewusstsein, das sich als absolutes Bewusstsein zeigt und sich als *Ich* bestätigt, das durch alle »Unterschiede« hindurch dasselbe bleibt, Herr seiner selbst wie des Universums, fähig, alle dunklen Ecken, in denen seine

Deutsch i. O.

→ transz. Reduktion

Herrschaft in Frage gestellt wird, auszuleuchten. Wie insbesondere Merleau-Ponty gezeigt hat, stößt das konstituierende Ich an eine Sphäre, in die es gerade durch sein Fleisch schon involviert ist; es ist involviert in das, was es im Übrigen erst konstituiert, und damit in die Welt; es ist da, in der Welt, gleichsam wie in seiner Haut als Intimität der Inkarnation, die nicht mehr nur die Exteriorität des Objektiven darstellt.

Aber dieses reduzierte Bewusstsein – das in der Reflexion über sich selbst seine eigenen Wahrnehmungs- und Wissensakte als Objekte der Welt (wieder)findet und beherrscht, und das sich solcherart als Selbstbewusstsein und absolutes Sein bestätigt – bleibt überdies, und ohne willentliche Absicht, auch nicht-intentionales Bewusstsein seiner selbst. Nicht-intentionales Bewusstsein, das sich, wenn man so sagen kann, als nicht gewusstes Wissen entfaltet, als nicht-objektivierendes Wissen. Dieses Bewusstsein begleitet alle intentionalen Prozesse des Bewusstseins und des *Ich,* das in diesem Bewusstsein »handelt«, und »will« und »Intentionen hat«.

Bewusstsein des Bewusstseins, indirekt und implizit, ohne Initiative, die auf ein Ich zurückgeführt werden könnte, ohne Ziel; passives Bewusstsein wie die Zeit, die vergeht, und die mich ohne mich altern lässt. »Nicht-intentionales« Bewusstsein, das von der philosophischen Reflexion und der inneren Wahrnehmung unterschieden werden muss, der sich zweifelsohne die nicht-intentionale Wahrnehmung als inneres Objekt anbieten und die zu substituieren sie versucht sein könnte, indem sie die impliziten Botschaften erklärte, die sie mit sich bringt. Das intentionale Bewusstsein der Reflexion kann auch, wenn es das transzendentale Ich, seine Zustände und mentalen Akte zum Gegenstand nimmt, die als implizit bezeichneten Arten des nicht-intentional Erlebten thematisieren und begreifen. Es wird dazu von der Philosophie in ihrem grundlegenden Projekt eingeladen, das darin besteht, die unvermeidliche transzendentale Naivität eines Bewusstseins auszuleuchten, welches seinen Horizont, sein Implizites und die Zeit seines Dauerns vergisst.

Von daher ist man – zweifellos zu rasch – verführt, in der Philosophie dieses unmittelbare Bewusstsein einzig als noch unbestimmte Vorstellung zu sehen, die ins vollständig Helle gebracht werden muss. Den undurchsichtigen Kontext des Thematisierten wird die Reflexion, das intentionale Bewusstsein, in klare und deutliche Gegebenheiten umwandeln, wie sie die wahrgenommene Welt oder das reduzierte transzendentale Bewusstsein darbieten.

Es ist jedoch keineswegs untersagt, sich zu fragen, ob das Nicht-Intentionale, als Kontrapunkt zum Intentionalen verstanden, vom Blickpunkt des reflexiven Bewusstseins als Bewusstsein des Selbst aus seinen wirklichen Sinn bewahrt und preisgibt. Die traditionelle Kritik an der Selbstbeobachtung hat immer schon den Verdacht gehabt, dass dieses sogenannte spontane Bewusstsein unter dem prüfenden, thematisierenden, objektivierenden und indiskreten Blick der Reflexion eine Veränderung erfährt, eine Art Vergewaltigung und Verkennen eines Geheimnisses. Eine immer wieder zurückgewiesene, immer neu auflebende Kritik.

Wir fragen: Was spielt sich also in diesem nichtreflexiven Bewusstsein ab, das man bloß für präreflexiv hält, und das implizit das intentionale Bewusstsein begleitet, welches wiederum in der Reflexion intentional das denkende Selbst anpeilt, als ob das denkende Ich in der Welt erschiene und ihr angehörte? Was kann diese vorgebliche Konfusion, dieses Involviert-Sein, in irgendeiner positiven Weise bedeuten? Es genügt nicht, sich auf den formalen Begriff des Möglichen zu beziehen. Wäre es nicht angebracht, einerseits zwischen der Entwicklung des Besonderen im Konzept, dem Unausgesprochenen in den Voranahmen eines Begriffs, der Potenzialität des Möglichen innerhalb eines Horizontes, und andererseits der Intimität des Nicht-Intentionalen in dem, was man prä-reflexives Bewusstsein nennt und das nichts anderes als die Dauer selbst ist, zu unterscheiden?

III.

Kann man sagen, dass das »Wissen« des prä-reflexiven Bewusstseins im eigentlichen Sinn weiß? Als konfuses Bewusstsein, als implizites Bewusstsein, das jeder Intention vorausgeht – oder als Dauer, die von jeder Intention abgelassen hat – ist es nicht Akt, sondern reine Passivität. Nicht nur wegen seines Seins-ohne-zu-sein-gewählt-zu-haben, oder wegen seines Falles in eine Durchmischung von Möglichem, das schon vor jeder Realisierung auf sich genommen wurde, wie in der Heidegger'schen *Geworfenheit*. »Bewusstsein«, das nicht so sehr ein Wissen über sich selbst bedeutet, sondern ein Verschwinden oder Sich-Zurückziehen der Gegenwart ist. Reines Dauern der Zeit, das die phänomenologische Analyse zwar in der Reflexion beschreibt, als dem Spiel von Retentionen und Protentionen gemäß intentional strukturiert. Diese selbst jedoch bleiben in dem Andauern der Zeit unausgesprochen und setzen, als Strömung, eine andere Zeit voraus; eine Dauer, die sich jedem Willen des Ich entzieht, absolut außerhalb der Aktivität des Ich, ganz wie das Altern, das wahrscheinlich das eigentliche Modell der passiven Synthese darstellt, eine Zeitspanne, deren Unumkehrbarkeit kein Akt des Erinnerns durch Wiederherstellung der Vergangenheit *aufheben* kann. Hat die Zeitlichkeit der impliziten Zeit, als Involvierung des Impliziten, nicht auch eine andere Bedeutung als die eines sich entziehenden Wissens, ist es nicht auch etwas anderes als eine Art und Weise, sich die Gegenwart oder Nicht-Gegenwart von Zukunft und Vergangenheit vorzustellen? Dauer als reines Dauern, Nicht-Intervention als Sein ohne Beharrlichkeit, sozusagen als Sein auf Zehenspitzen, Sein ohne es zu wagen zu sein; als Drängen des Augenblicks ohne Insistenz des Ich schon Zeitspanne, die »eintretend abtritt«! Schlechtes Gewissen, diese Involvierung des Nicht-Intentionellen: ohne Intentionen, ohne Absichten, ohne die schützende Maske der Person, die sich im Spiegel der Welt betrachtet, beruhigt und gesetzt. Ohne Namen, ohne den eigenen Platz gefunden zu haben, ohne Titel. Gegenwart, die die Gegenwart fürchtet, die die Beharrlichkeit des mit sich selbst identischen Ich fürchtet, bar jedes Attributs. In seiner Nicht-Intentionalität, diesseits al-

→ Passive Synthese

len Wollens, vor jedem Fehler, in seiner nicht-intentionalen Identifizierung, schreckt die Identität vor jeder Selbstbehauptung zurück, sie ist beunruhigt angesichts dessen, was die Rückkehr der Identifizierung zu sich selbst an Beharrlichkeit beinhalten kann. Schlechtes Gewissen oder Schüchternheit; ohne Schuld, aber angeklagt; und verantwortlich sogar für seine eigene Präsenz. Reserviertheit des Nicht-Engagierten, des Nicht-Gerechtfertigten, des »Fremden auf dieser Erde«, wie der Psalmist sagt, des Heimatlosen oder des »Obdachlosen«, der nicht einzutreten wagt. Die Innerlichkeit des Geistigen, das ist vielleicht ursprünglich das: dieser Mangel an Wagemut, sich in seinem Sein oder in seinem Fleisch oder in seiner Haut zu behaupten. Nicht in-der-Welt, sondern in-Frage. Darauf bezugnehmend, als »Andenken«, bleibt das Ich, das sich schon in seinem Sein gesetzt hat, sich behauptet – oder sich festigt – zweideutig genug – oder rätselhaft genug – um sich, nach dem Wort von Pascal, als hassenswert zu erkennen in der Selbstbekundung seiner emphatischen Identität, seinem »Ich-Sagen«. Die prachtvolle Vorherrschaft des *A ist A*, dieses Prinzips der Intelligibilität und der Aussagekraft, diese Souveränität, diese Freiheit des menschlichen Ich, ist auch, wenn man so sagen kann, das Aufscheinen der Bescheidenheit. In-Frage-Stellen der Selbstbehauptung und der Konsolidierung des Seins, das sich unter der sprichwörtlichen – und sehr leicht bloß rhetorischen – Suche nach dem Sinn des Lebens wiederfindet. Gerade als ob das absolute Ich, das schon von seinen vitalen, psychischen und sozialen Kräften oder der transzendentalen Souveränität einen Sinn gewonnen hat, sich auf sein schlechtes Gewissen zurückführen ließe.

Das prä-reflexive, nicht-intentionale Bewusstsein kann nicht zu einem Bewusstwerden dieser Passivität gelangen; da müsste sich in ihm schon die Reflexion eines Subjekts abzeichnen, das sich selbst als »undeklinierbaren Nominativ« setzt, das sich seines guten Rechts, da zu sein, sicher ist, und das die Schüchternheit des Nicht-Intentionalen als eine zu überwindende Kindheit des Geistes »meistert«, als einen Schwächeanfall einer gleichmütigen Seele. Das nicht-intentionale Bewusstsein ist von Vornherein Passivität, der Akkusativ ist in gewisser Weise sein »erster Fall«. (Genau genommen beschreibt diese Passivität, die nicht das Korrelat einer Aktivität ist, nicht so sehr das »schlechte Gewissen« des Nicht-Intentionalen; sie lässt sich vielmehr durch das schlechte Gewissen beschreiben.) Dieses schlechte Gewissen ist nicht als Angst gedeutete Endlichkeit des Existierens. Mein immer verfrühter Tod bringt zwar vielleicht das Sein zum Scheitern, das als Sein in seinem Sein, wenn auch in der Angst, beharrt, aber dieser Skandal erschüttert keineswegs das gute Gewissen, zu sein, ebenso wenig wie die auf dem unveräußerlichen Recht des *conatus* gründende Moral, die auch das Recht und das gute Gewissen der Freiheit ist. Im Gegensatz dazu wird in der Passivität des Nicht-Intentionalen – in seinem Modus der Spontaneität und vor jeder Formulierung von metaphysischen Ideen *a priori* darüber – die Berechtigung der Stellung selbst im Sein, wie sie sich im intentionalen Denken als Wissen und Vereinnahmung des Jetzt behauptet, in Frage gestellt. Damit wird das Sein als schlechtes Gewissen in Frage gestellt. In Frage gestellt, aber auch einem Fragen ausgesetzt, antworten zu müssen – Geburt der Sprache in der Verantwortung; sprechen zu müssen, »Ich sagen« zu müssen, in der ersten Person zu sein, eben ich zu sein; aber, von da an, in der Selbstbehauptung seines Ich-Seins, auch schon Verantwortung über sein Recht, da zu sein, zu übernehmen. Bis zu diesem Punkt muss das »hassenswerte Ich« Pascals gedacht werden.

IV.

Sich für sein Recht, zu sein, verantworten zu müssen, nicht unter Bezugnahme auf die Abstraktion irgendeines anonymen Gesetzes, irgendeiner juristischen Entität, sondern aus Furcht um den Anderen. Waren mein Auf-der-Welt-Sein oder mein »Platz an der Sonne«, mein Zuhause nicht bereits eine Usurpation von Orten, die dem anderen, schon vor mir unterdrückten oder hungrigen, in eine dritte Welt ausgestoßenen Menschen zustehen: ein Verstoßen, ein Ausschließen, ein Exilieren, ein Entblößen, ein Töten. »Mein Platz an der Sonne« – sagte Pascal – Beginn und Abbild der Usurpation der gesamten Erde. Furcht um alles, was mein Existieren – trotz seiner intentionalen und bewussten Unschuld – an Gewalttätigkeit und Mord begehen kann. Furcht, die hinter meinem »Selbstbewusstsein« aufsteigt, unabhängig davon, welche Wege das reine Beharren im Sein einschlägt, um sich ein gutes Gewissen zu verschaffen. Die Furcht, im *Da* meines *Daseins* jemand anderes Platz zu besetzen; Unfähigkeit, einen Ort zu haben – eine profunde Utopie. Furcht, die mir aus dem Antlitz des Anderen begegnet.

→ Alterität / Antlitz

In meinen philosophischen Essays habe ich viel vom Antlitz des anderen Menschen als dem ursprünglichen Ort alles Sinnhaften gesprochen. Erlauben Sie mir noch einmal eine kurze Beschreibung des Hereinbrechens des Antlitzes in die phänomenale Ordnung des Erscheinens zu versuchen, so wie ich es heute sehe.

→ Nähe

→ Ausdruck

Die Nähe des Anderen ist Aussagekraft des Antlitzes, das von vornherein über seine plastischen Formen hinausreicht, die es in der Wahrnehmung wie eine Maske mit ihrer Gegenwart verdecken. Es durchstößt ununterbrochen diese Formen. Vor jedem spezifischen Ausdruck – und unter jedem spezifischen Ausdruck –, der als solcher schon Pose und Haltung ist, die man sich selbst gibt, der verdeckt und beschützt –, ist das Antlitz Nacktheit und Armut des Ausdrucks, das heißt äußerste Ausgesetztheit, Wehrlosigkeit, die Verletzlichkeit selbst. Äußerste Ausgesetztheit – vor jeder menschlichen Absicht – wie bei einem Schuss »aus nächster Nähe«. Auslieferung des Belagerten und Gehetzten, gehetzt vor jeder Treibjagd und jedem Kesseltreiben. Antlitz in seiner Geradlinigkeit des Ins-Auge-Blickens, Direktheit der Ausgesetztheit gegenüber dem unsichtbaren Tod, gegenüber einer mysteriösen Vereinsamung. Sterblichkeit im Anderen – jenseits seiner Sichtbarkeit in seiner Entblößung – und vor jedem Wissen über den Tod.

Ist der Ausdruck nicht diese äußerste Ausgesetztheit selbst, und nicht ein Rückgriff auf ich weiß nicht welchen Code? Ausdruck wie *von sich aus*, Emphase der Nacktheit und Wehrlosigkeit, die zur Gewalt des ersten Verbrechens verführt und diese leitet: Dessen mörderische Direktheit ist schon in seiner Absicht in spezifischer Art und Weise der Ausgesetztheit und dem Ausdruck des Antlitzes angepasst. Der erste Mörder kennt vielleicht das Resultat des von ihm geführten Schlages nicht, aber das angepeilte Ziel seiner Gewalt lässt ihn die Linie finden, entlang derer der Tod in seiner unabwendbaren Direktheit das Antlitz des Nächsten anrührt; vorgezeichnete Kurve des versetzten Hiebes und des tötenden Pfeils.

Aber dieses *Im-Angesicht-des-Antlitzes* ist in seinem Ausdruck – in seiner Sterblichkeit – eine Vorladung, ruft nach mir, verlangt nach mir: als ob der unsichtbare Tod, dem das Antlitz des Anderen ge-

genübersteht – reine Alterität, in gewisser Weise von jeder Zugehörigkeit losgelöst – meine Angelegenheit wäre. Als ob dieser, vom Anderen, den er schon in der Nacktheit seines Antlitzes betrifft, nicht gewusst, »mich ansähe« vor seiner Konfrontation mit mir, noch bevor er der Tod ist, der mich selbst mustert. Der Tod des anderen Menschen klagt mich an und stellt mich infrage, als ob ich durch meine eventuelle Gleichgültigkeit gegenüber diesem unsichtbaren Tod des Anderen, der ihm ausgesetzt ist, dessen Komplize würde; und als ob ich, noch bevor ich selbst todgeweiht bin, für den Tod des Anderen Antwort stehen müsste, ihn nicht in seiner sterblichen Einsamkeit allein lassen dürfte. Genau durch diesen Appell des Antlitzes an meine Verantwortung werde ich angeklagt, wird nach mir verlangt, wird nach mir gerufen, in diesem In-Frage-Stellen ist der Andere Nächster.

Verantwortung für den Anderen, für den Nächstbesten in der Nacktheit seines Antlitzes. Verantwortung jenseits alles dessen, was ich dem Anderen gegenüber begangen oder nicht begangen haben könnte, alles dessen, was meine Tat gewesen oder nicht gewesen sein wird, als ob ich dem anderen Menschen geweiht wäre, noch bevor ich mir selbst geweiht bin.

Oder genauer: Als ob ich für den Tod des Anderen verantwortlich wäre, bevor ich überhaupt zu *sein* habe. Verantwortung ohne Schuld, in der ich jedoch einer Anschuldigung ausgesetzt bin, die kein Alibi – räumlich oder zeitlich – entkräften könnte, und als ob hier eine Beziehung begründet würde, als ob sich eine Beziehung begründete, deren ganze Intensität darin bestünde, gerade keine Gemeinsamkeit vorauszusetzen.

Verantwortung vor meiner Freiheit – vor jedem Anfang in mir, vor jeder Gegenwart. Brüderlichkeit in äußerster Trennung. *Vor,* aber vor welcher Vergangenheit? Nicht in einer Zeit vor der jetzigen, in der ich überhaupt eine Verpflichtung eingegangen wäre. Die Verantwortung für den Nächsten liegt vor meiner Freiheit in einer unvordenklichen Vergangenheit – nicht vorstellbar, in einer Vergangenheit, die niemals Gegenwart war – älter als jedes Bewusstsein von ...; Verantwortung für den Nächsten, für den anderen Menschen, für den Fremden, zu der, in der strengen ontologischen Ordnung – der Dinge, des Etwas, der Kausalität, der Zahl und der Kausalität – nichts verpflichtet.

Verantwortung als Geisel – bis hin zur Stellvertretung für den anderen Menschen. Unendliche

Unterwerfung der Subjektivität. Es sei denn, diese anarchische Verantwortung, die mich ohne Ursprung in einer Gegenwart vorlädt, wäre das Maß oder die Art und Weise oder das Regime einer unvordenklichen Freiheit, die älter wäre als das Sein, die Entscheidung und die Handlungen.

V.

Diese Vorladung zur Verantwortung zerreißt die Formen des Allgemeinen, in denen sich mein Wissen, meine *Kenntnis* über den anderen Menschen diesen mir als Ähnlichen vorstellt; um mich im Antlitz des Nächsten als für ihn *verantwortlich,* und solcherart als einzig – und erwählt, zu entdecken.

Durch diese Freiheit erhält die Menschheit in mir – die Menschheit als Ich – trotz ihrer ontologischen Kontingenz als Endlichkeit und Sterblichkeit die Vorrangigkeit und die Einzigartigkeit des nicht Auswechselbaren.

Vorrangigkeit und Auswahl einer Vortrefflichkeit, deren Grundzüge nicht rückführbar sind auf solche, die einzelne »Seiende« in der Ordnung der Welt prägen und konstituieren; oder auf solche, die Personen auf der sozialen Bühne der Geschichte als Rolle, das heißt im Spiegel der Reflexion und des Selbstbewusstseins spielen.

Die Furcht um den Anderen, Furcht um das Leben des anderen Menschen, ist *meine* Furcht, aber es ist keineswegs ein Erschrecken. Solcherart hebt sie sich klar von der bewundernswerten phänomenologischen Analyse ab, die *Sein und Zeit* über die Affektivität, über die *Befindlichkeit** vorschlägt: eine reflexive Struktur, die sich in einem rückbezüglichen Verbum ausdrückt, wo die Emotion immer Emotion durch etwas Ergreifendes ist, aber auch Emotion für sich selbst. Wo Emotion darin besteht, *sich* von etwas ergreifen zu lassen – erschreckt sein durch etwas, erfreut sein über etwas, traurig sein über etwas, aber eben auch: *sich* für sich selbst freuen, für sich selbst traurig werden; und wo jede Affektivität Auswirkungen auf mein Sein-zu-meinem-Tode hat. Doppelte Intentionalität des *durch* und des *für*, und solcherart Rückkehr zu sich selbst, Rückkehr zur Angst vor der eigenen Endlichkeit: im Fürchten vor dem Wolf eine Angst vor meinem Tod. Die Furcht um den anderen Menschen aber kehrt nicht zur Angst vor meinem Tod zurück. Diese Furcht übersteigt die Ontologie des Heidegger'schen *Daseins* und dessen gutes Gewissen, zu sein, im Hinblick auf dieses Sein selbst. Ethisches Erwachen und ethische Wachsamkeit inmitten dieser af-

Deutsch i. O.

fektiven Verwirrung. Das Heidegger'sche Sein-zum-Tode bezeichnet für das Seiende zweifellos das Ende seines Seins-im-Hinblick-auf-dieses-Sein-selbst, und den Skandal dieses Endes, aber in diesem Ende regt sich keinerlei Skrupel, zu sein.

Das Menschliche hinter dem Beharren im Sein! Hinter der Selbstbehauptung des analytisch – oder tierisch – auf sein Sein bestehenden Wesens, in dem die Kraft des Ideals der Identität, die sich im Leben der menschlichen Individuen und in ihrem bewussten oder unbewussten oder rationalen Kampf um das Überleben identifiziert und selbst bekräftigt, erscheint das durch das Antlitz des Nächsten geforderte Wunder des Ich – oder das Wunder des vom eigenen Selbst befreiten und um den Anderen fürchtende Ich – gleichsam als Aufhebung – als *epoché* – der ewigen und unumkehrbaren Rückkehr des Identischen zu sich selbst und zur Unantastbarkeit seines logischen und ontologischen Privilegs.

→ transz. Reduktion

Aufhebung des idealen Vorrangs eines Ich, das jede Alterität durch Mord oder durch umgreifendes und totalisierendes Denken verneint. Aufhebung des Krieges und der Politik, die so tun, als ob sie die Beziehung des Selbst zum Anderen wären. In der Absetzung des souveränen Ich durch das Ich, in der

Modalität des hassenswerten Ich, erhalten die Ethik, und wahrscheinlich auch die Spiritualität der Seele° überhaupt ihre Bedeutung, ganz gewiss aber die Frage nach dem Sinn des Seins, das heißt sein Ruf nach Rechtfertigung. Als Erste Philosophie erhält sie ihre Bedeutung durch die Zweideutigkeit des Identischen, das auf dem Höhepunkt seiner bedingungslosen und sogar logisch ununterscheidbaren Identität *Ich* sagt in seiner über jedem Kriterium stehenden Autonomie; aber das sich genau auf diesem Höhepunkt der unbedingten Identität auch als hassenswertes Ich einsehen kann.

âme

Das Ich, das ist die Krise selbst des Seins des Seienden im Menschlichen. Krise des Seins, nicht weil der Sinn dieses Verbums in seinem semantischen Geheimnis erst noch verstanden werden und dazu die Ontologie zur Hilfe rufen müsste, sondern weil ich mich als Ich schon frage, ob mein Sein gerechtfertigt ist, ob das *Da* meines *Daseins* nicht schon Usurpation des Platzes von jemandem ist.

Eine Frage, auf die keine theoretische Antwort in Form einer Information erwartet wird. Eine Frage, die sich an die Verantwortung wendet und die nicht eine praktische Notlösung darstellt, die über das Scheitern des Wissens, an das Sein heranreichen zu wollen, hinwegtrösten soll. Verantwortung, die kein Entzug des Wissens um Begreifen und Ergreifen ist, sondern die Vortrefflichkeit der ethischen Nähe in der Gemeinschaftlichkeit, in der Liebe ohne Begierde. Das Menschliche, das ist die Rückkehr zur Innerlichkeit des nicht-intentionalen Bewusstseins, zum »schlechten Gewissen«, zur Möglichkeit, Ungerechtigkeit mehr zu fürchten als den Tod, es vorzuziehen, Ungerechtigkeit zu erleiden als zu begehen, und vorzuziehen, was das Sein rechtfertigt gegenüber dem, was es absichert. → Nähe

VI.

Sein oder Nicht-Sein – ist das die Frage? Ist das die erste und die letzte aller Fragen? Besteht Menschsein in der Anstrengung, zu sein, und ist das Verstehen des Sinns von Sein – die Semantik des Verbums sein – die Erste Philosophie, die sich einem Bewusstsein aufdrängt, das zunächst und von Anbeginn an Wissen und Vorstellung ist, seine Selbstsicherheit im Sein-zum-Tode bewahrend; das sich als Klarheit eines Denkens bestätigend, das bis zum Ende denkt, bis zum Tod; und das in seiner Endlichkeit – schon oder noch, gutes und gesundes Gewissen, fraglos hinsichtlich seines Rechts, zu sein – entweder verängstigt oder heroisch ist in der Unsicherheit dieser Endlichkeit? Oder geht die erste Frage nicht vielmehr vom schlechten Gewissen aus? Das schlechte Gewissen – eine Instabilität, die eine andere ist als diejenige, mit der mich mein Tod und mein Leiden bedrohen. Es stellt die Frage nach meinem Recht, zu sein, das schon meine Verantwortung für den Tod des Anderen ist; Frage, die die Spontaneität meines naiven unbesonnenen Beharrens unterbricht. Das Recht auf das Sein und die Legitimität dieses Rechts beziehen sich letzten Endes nicht auf die abstrakten universellen Regeln des *Gesetzes,* sondern – in letzter Instanz wie dieses Gesetz selbst und die Gerechtigkeit – auf das *Für-den-Anderen* meiner Nicht-Gleichgültigkeit gegenüber dem Tod, die sich über mein Ende hinaus der Geradheit des Antlitzes des Anderen aussetzt. Ob er mich ansieht oder nicht, er geht mich etwas an. Frage, in der das Sein und das Leben zum Menschlichen erwachen. Frage des Sinns von *Sein* – nicht Ontologie des Verstehens dieses außergewöhnlichen Verbums, sondern die Ethik seiner Gerechtigkeit. Frage par excellence oder Frage der Philosophie. Nicht: Warum gibt es das Sein und nicht vielmehr nichts, sondern: Wie rechtfertigt sich das Sein?

Gerhard Weinberger

Nachwort

Ethik als Erste Philosophie ist, obwohl als Vortrag in Löwen, Belgien, im Jahre 1982 gehalten, einer der dichtesten Texte von Emmanuel Levinas. In höchst komprimierter Form wird darin die Geschichte der europäischen Philosophie von einem radikalen, bislang unerhörten Gesichtspunkt aus neu beleuchtet. Zugleich werden die vermeintlichen Grundfesten dieser philosophischen Tradition nicht nur als solche in Frage gestellt, sondern als Geburtsfehler gebrandmarkt, um die Möglichkeit eines gänzlich anderen, vielleicht »menschlicheren« Ausgangspunkts dieses Denkens zu skizzieren.

Die Darlegung dieser ausufernden Denkbewegung vollzieht sich etappenweise, anhand teilweise abrupt erscheinender Übergänge, die jedoch einer stringenten Logik folgen und jeweils nur weitere Zuspitzungen seiner Kritik am initialen Irrtum dieser »uns überlieferten Philosophie« sind. Diesen Weg eines Denkens von der Kritik seiner Voraussetzungen hin zu neuen Höhen, von denen aus eine völlige Neuorientierung des »abendländischen Denkens« möglich wird, ohne dieses en bloc zu verwerfen, möchte ich in diesem Nachwort nachvollziehen:

1. Levinas geht davon aus, dass seit der antiken Philosophie eine Korrelation zwischen dem Denken und seinem Gegenstand angestrebt wurde, die als Grundlage vernünftigen Denkens gilt. Hiervon ausgehend fragt er, ob der Anfangsgrund jedes Denkens tatsächlich darin bestehe, eine Übereinstimmung zwischen dem Denken und den Gegenständen, die es denkt, zu erzielen? Ist Denken zuallererst ein Wissen und Erkennen von Gegenständen, welcher Art auch immer? In der Sprache von Levinas: Sucht Denken vorrangig, oder gar ausschließlich, eine *Korrelation,* also eine Entsprechung zwischen meiner Vorstellung und dem Vorgestellten, sicherzustellen? Oder ist ein solches Denken letztlich in einem Prozess fundiert, der dieses Streben nach Korrelation überhaupt erst ermöglicht und ihm vorangeht?

→ Korrelation / Noesis / Noema

2. Nach Levinas erreicht die abendländische Tradition, Denken als Wissen zu begreifen, in der Husserl'schen Phänomenologie ihre klarste Ausprägung in Form der *Intentionalität:* Denken ist nicht einfach das Streben nach Wissen, sondern die gesamte Welt ist potenzielles Korrelat dieses Wissen-Wollens, das intentionale Bewusstsein soll und kann sich im Prinzip diese Welt durch immer umfassenderes Begreifen zu eigen machen. Aber gerade die Phänomenologie stößt, die eigene Methode immer weiterdenkend, an ihre Grenzen. Sie entdeckt,

→ Intentionalität

dass dem intentionalen Bewusstsein als aufmerkendem und wollendem und unabhängig von ihm ein anderes »Bewusstsein« vorgelagert ist, das als *Passivität der Zeit* nicht weggedacht werden kann. Ein nicht-intentionales Bewusstsein, das jedes Gerichtet-Sein auf einen Gegenstand überhaupt erst möglich macht.

3. Dieses nicht-intentionale Bewusstsein zeichnet sich dadurch aus, dass es – im Unterschied zur Intentionalität – nicht auf ein Objekt gerichtet ist, das es zu erkennen, zu erkunden, zu enthüllen versucht, und es damit zum Gegenstand für ein Wissen macht. Es ist vielmehr »Bewusstsein« als reiner Ablauf der Zeit, die dieses nicht begreifen will, sondern deren Erfahrung es auf sich nimmt. Ihren konkret-menschlichen Ausdruck findet → Ausdruck dieses Bewusstsein als Altern oder »Seneszenz«. In diesem passiven Hinnehmen des Unvermeidlichen löst sich das Bewusstsein von seinem (immer selbstbezogenen) Wollen und öffnet das Denken für den Gedanken, etwas Anderes als Anderes hinzunehmen und dem eigenen Ich nicht immer den Vorrang einzuräumen.

4. Auf diese Weise unterläuft solch ein nicht-intentionales Bewusstsein das wollende Bewusstsein, erschwert es diesem, seiner eigentlichen Aufgabe, dem Enthüllen der Welt im Sinne von Denken als Wissen, nachzukommen und sich so seines guten Gewissens zu versichern:

immer zu wissen, wozu und wieso es da ist. Das andere, passive, nicht-intentionale Bewusstsein ist in diesem Sinne das *schlechte Gewissen* als ständiger, wenn auch über weite Strecken unbemerkter Begleiter des (aktiven) Bewusstseins und dessen gutem Gewissen.

5. Auf- und wachgerufen wird dieses nicht-intentionale Bewusstsein als schlechtes Gewissen durch die Begegnung mit dem anderen Menschen, mit dessen *Antlitz.* Dieses Antlitz ist der Ausdruck einer fundamentalen Schwäche und Wehrlosigkeit des Menschen, insbesondere in der offensichtlichsten Form der *Sterblichkeit.* Das Antlitz in seiner Verletzlichkeit als Sterblichkeit löst im nicht-intentionalen Bewusstsein des Ich die Sorge um den anderen Menschen aus, welche an die Stelle der Selbstsorge (des egoistischen Sich-um-sich-selbst-Kümmerns) tritt, sie zumindest in den Hintergrund drängt. In den Vordergrund rückt die Frage, welche Berechtigung die Sorge um sich selbst haben kann angesichts der Hilfsbedürftigkeit des anderen Menschen in seiner Sterblichkeit, die nach meinem Beistande verlangt. Damit ist eine ethische Frage als Grundlage des menschlichen Daseins überhaupt gestellt – Ethik als Erste Philosophie.

→ Alterität / Antlitz

Diese gedanklichen Schritte, ja Sprünge, die diesen Text von Levinas zu einem besonderen machen, möchte ich im Folgenden ausführlicher darstellen und dabei die Stellung dieses Textes im Gesamtwerk des Philosophen präzisieren.

Ethik als Erste Philosophie gehört, 1982 entstanden, der späten Phase des Levinas'schen Denkens an,[1] einer Phase, in der u.a. auch seine letzte durchkonstruierte Textsammlung, *Wenn Gott ins Denken einfällt,* publiziert wird. Acht Jahre nach dem Erscheinen von *Jenseits des Seins,* das man als Höhepunkt seines philosophischen Werkes ansehen kann, ist dessen Atemlosigkeit und raue Strenge im hier vorliegenden Text noch spürbar.

Eine solche Einordnung des Denkens eines Philosophen kann helfen, dieses Denken leichter nachvollziehbar, es ein-

1 Man kann in der Entwicklung der Philosophie von Levinas vereinfachend vier Perioden unterscheiden. Die erste erstreckt sich vom Erscheinen seines ersten Essais »De l'évasion« bis zu den ersten Nachkriegsschriften (*Der Tod und der Andere, Von der Existenz zum Existierenden*) und legt den Grundstein für seine kritische Auseinandersetzung mit dem Seinsbegriff von Heidegger. Die zweite Periode erreicht ihren Höhepunkt mit dem Erscheinen von *Totalität und Unendlichkeit* und bringt die Ausarbeitung des Vorrangs des *Anderen* vor dem Ich. Die dritte Periode steht im Zeichen von *Jenseits des Seins* mit seiner radikalen Uminterpretation des Subjekts als durch den Anderen gesetzt. Man kann eine vierte Periode ausmachen, die nach *Jenseits des Seins* beginnt und in deren Zentrum der Versuch einer nach radikaleren Neubegründung einer Ethik steht. Der vorliegende Text gibt Zeugnis davon.

prägsamer zu machen. Vor allem jedoch ermöglicht sie es, die Bedeutung und Mit-Bedeutungen seiner zentralen Kategorien besser, d.h. offener zu erfassen und statische Interpretationen zu vermeiden. Im Folgenden werde ich mit Rückgriff auf frühere Perioden und Texte versuchen, diesen strengen und kompakten Text als Ergebnis eines lebenslangen Ringens um die Möglichkeit des Menschlichen im Menschen verständlich zu machen.

Korrelation und Intentionalität

→ Korrelation / Noesis / Noema

Der erste, für den weiteren Gedankengang des Textes (vor-)entscheidende Schritt findet sich schon im ersten Satz, ja im ersten Wort: »Korrelation«. Darin liegt für Levinas der Grundzug dessen, was die abendländische Philosophie ausmacht, d.h. alles dessen, wogegen Levinas seit jeher anschreibt: die Unzulänglichkeit, weil Kurzsichtigkeit eines Denkens, das sich verkürzend mit Wissen gleichsetzt.

Denn die Korrelation, verstanden als »selbstlose Kontemplation« zwischen dem Erkennen und dem Sein ist »gemäß unserer philosophischen Tradition, der Ort des Intelligiblen schlechthin, des Auftauchens von Sinn«. Wer sich durch diesen Satz mit seiner Gleichsetzung von Erkennen und Sinngebung an den ersten Satz der *Metaphysik* des Aristoteles erinnert fühlt (»Alle Menschen streben von Natur aus nach Wissen«), erfährt eine Bestätigung noch im selben Absatz. Denn explizit bezugnehmend auf eben diese *Metaphysik* (auf die Bücher γ und λ) wird schon im nächsten Satz die abendländische Tradition als eine beschrieben, die sich definiert, ja entstanden ist auf der Basis dieser Korrelation – nun aber bereits mit einer leichten Gewichtsverlagerung: Denn dem Erkennen wird, in dieser Gleichsetzung und durch sie, zugleich ein *Vorrang* vor allen sonstigen menschlichen Tätigkeiten zugewiesen. Ein Vorrang des Erkennens, der einen Vorrang des Wissens als *Wissen-Wollen,* als Alleswissen-Wollen als höchstem Sinn bedeutet. In der Moderne firmierte diese Grundausrichtung unter den Namen Aufklärung und Wissenschaft. Beides ist für Levinas nichts anderes als die Fortführung dieses alten Korrelationsgedankens mit neueren, moderneren Mitteln.

Die Moderne besteht ja, so Levinas, gerade in der Beibehaltung dieser Grundhaltung, der vorrangigen Bedeutung des Wissens für die Aneignung des Seins, einer Aneignung also, die diese Moderne »bis zur Gleichsetzung von Sein und Wissen« treibt. Was dabei auf der Strecke bleibt – jedoch im ersten Abschnitt nur vorsichtig als Hinweis für den weiteren Gang des Textes eingeführt wird –, ist die *Alterität.* → Alterität / Antlitz
Vorläufig geht es »nur« darum, die Überwindung des Unterschieds zwischen Erkennen und Sein durch Freilegung

und Sichtbarmachung ihrer Korrelation als das beherrschende Ziel »unserer« Philosophie deutlich zu benennen.

Damit beginnt, als zweiter Schritt, die Auseinandersetzung mit dem, was Levinas besonders am Herzen liegt: die Neu- oder Uminterpretation der Husserl'schen Intentionalität. Präziser formuliert geht es ihm um das Aufzeigen der begrenzenden Wirkung und Einseitigkeit der Intentionalität als Ausgangspunkt des Denkens und damit um eine radikal neue Sicht auf das, was abendländische Philosophie ausmacht.

Husserl stelle einen der Höhepunkte, einen der »Schlusspunkte«, die »Vollendung« (»aboutissement«, formuliert Levinas) des abendländischen Denkens dar. Meint Levinas in dieser Passage tatsächlich, wie er sagt, »einen der Schlusspunkte« und nicht vielleicht *den* Schlusspunkt? Die Husserl'sche Phänomenologie bildet jedenfalls jenen Punkt der Philosophie, an dem sich das, was Levinas als das Eigentlichste in ihr sieht, ihre *raison d'être*, am direktesten zeigt: das »Denken als Wissen«, das für Levinas zusammengefasst ist im Begriff der Ontologie. Von diesem Eigentlichsten, dem letzten Bestimmungsgrund dieses Denkens, ist auszugehen, um dem nachzuspüren, was darin noch unausgereift, einseitig bleibt. Um so einer Ahnung nachzuspüren, dass alles das, was an Kritik dieses Denken von Anbeginn an begleitet hat, dass alles das, was an ihm unbefriedigend, eingleisig erscheint, vielleicht einen klar umrissenen Grund hat. Dieser besteht in der skizzierten einseitigen Vorabentscheidung, die möglicherweise alles, was sich neben Fortschritten und Errungenschaften an Negativem, ja Tragischem in der Geschichte ereignet hat, mitverursacht hat.

Dieser Geburtsfehler wird gleich zu Beginn von Abschnitt II ohne Umschweife angesprochen und stellt damit den eigentlichen Beginn der Suche nach einer anderen »Ersten Philosophie« dar. Dort heißt es: »Wir wollen uns in diesem Vortrag fragen, ob das Denken, das seit der Ontologie der Ersten Philosophie als Wissen verstanden wird, die Bedeutungsmöglichkeiten des Denkens ausschöpft, und ob hinter dem Wissen und seinem Zugriff auf das Sein nicht eine *dringendere* Weisheit auftaucht.« Ich hebe bewusst »dringendere« hervor. Levinas selbst betont »Weisheit«. Es wird sich zeigen, dass beides dasselbe Anliegen zum Ausdruck bringt, das diesen Text durchzieht, ja ihn – wie viele andere Texte von Levinas vor diesem – überhaupt erst hervorgebracht, provoziert hat. Daher kann der Ausgangspunkt der gesamten Untersuchung nur in der Husserl'schen Phänomenologie liegen, einem Denken, das die Gleichsetzung von Denken und (theoretischem) Wissen am klarsten auf den Begriff gebracht hat, indem es, ausgehend von Franz Brentano, die Welt schlechthin als *Noema,* als Leistung des denkenden Bewusstseins, aufgefasst hat, und dieses Bewusstsein als »Bewusstsein von«.

→ Korrelation / Noesis / Noema

Aber hinter dieser umfassenden *Noematisierung* der Welt entdeckt Levinas etwas Wichtiges: Bei Husserl ist schon die Idee einer »ursprünglichen, nicht-theoretischen Intentionalität des affektiven und aktiven Lebens« angelegt. An diesem Punkt wird Levinas ansetzen. Freilich hat Husserl letztlich an der *Vorstellung,* also einem objektivierenden Akt, als Basis auch des affektiven und aktiven Lebens festgehalten – und damit den Standpunkt Brentanos übernommen. Aber die Bresche ist geschlagen, wenn auch nicht alle damit verbundenen Implikationen von ihm zu Ende gedacht wurden. Levinas wird die Husserl'sche Aufforderung ernst nehmen, zu hinterfragen, »worauf sie [die Intentionalität] eigentlich hinauswill«. Husserl hat sich sein ganzes Leben lang damit abgemüht, diese Frage in ihren vielen Facetten zu beschreiben. Levinas entscheidet sich für eine klare Antwort: Er interpretiert die Intentionalität, »wie sie in der Husserl'schen Phänomenologie auftritt«, zweifach auf orthodoxe Weise. Einmal, wie gesagt, als Schlusspunkt und zentrales Moment der angestrebten Korrelation zwischen Denken und Sein, das die abendländische Philosophie prägt. Zum anderen jedoch – und darum wird sich der Text ab Beginn des zweiten Abschnitts drehen – als *Wille und Akt.*

Diese Schritte bilden den Ausgangspunkt: Einmal ist die Phänomenologie Husserls wesentlich Intentionalität, wie Levinas es schon in frühen Schriften immer wieder ausgeführt hat. Zum anderen ist diese Intentionalität Wille und Akt. Und schließlich beruht diese Intentionalität als Akt, unabhängig vom intentionalen Gegenstand, als physischem Gegenstand oder Gegenstand eines Gefühls, eines Affekts, eines Tuns, immer vorgängig auf einer *Vorstellung,* die das Bewusstsein davon haben muss.

Nicht-intentionales Bewusstsein als Grundlage des schlechten Gewissens

Hinter die transzendentale Reduktion, diesen klassisch-phänomenologischen Prozess der Konstituierung der Welt durch das »Bewusstsein von …«, diesen Rückgriff des Erfassens der Welt auf seinen letzten Grund, setzt Levinas ein großes Fragezeichen. In diesem Text erfolgt damit der erste, entscheidende Bruch. Andere werden folgen. Levinas fragt, ob es nicht hinter – jenseits? vor? – dem intentionalen Bewusstsein noch etwas geben muss, das dieses Bewusstsein selbst trägt. Ob nicht das konstituierende Bewusstsein in seinen unablässigen Bemühungen, Vorstellungen hervorzubringen, die zu Gegenständen, Gefühlen, Empfindungen, Handlungen führen, die dann das »Leben« ausmachen, schon auf etwas aufbauen muss. Ob da nicht etwas ist, was ohne Zutun, ohne ständige Aktivität des Bewusstseins einfach abläuft und gewissermaßen das

Vorhandensein des Bewusstseins selbst garantiert. Und damit, ob Husserl nicht die transzendentale Reduktion zu früh für abgeschlossen erklärt hat.

In der Tat, die transzendentale Reduktion »lässt uns die Welt als *Noema* wiederfinden und führt – *oder müsste führen* – zum vollen Selbstbewusstsein, das sich als absolutes Bewusstsein zeigt [...], das durch alle ›Unterschiede‹ hindurch dasselbe bleibt, Herr seiner selbst wie des Universums, fähig, alle dunklen Ecken, in denen seine Herrschaft in Frage gestellt wird, auszuleuchten«.

Dass dem nicht ganz so ist, dass trotz allem »unausgeleuchtete Ecken« bleiben, dass das intentionale Bewusstsein nicht in vollem Umfang Bewusstsein seiner selbst ist, zeigt der von Levinas verwendete (und von mir hervorgehobene) Konjunktiv: »führen müsste«. Irgendwo gibt es offenbar ein Hindernis, das das vollständige Ausleuchten aller dunklen Ecken hemmt. Und zwar nicht nur faktisch wegen der räumlichen und zeitlichen Endlichkeit des Menschen, sondern ein Hindernis, das dieses vollständige Ausleuchten de iure unmöglich macht und die Herrschaft des Bewusstseins einschränkt. Levinas postuliert diese Begrenzung des konstituierenden Ich unter Rückgriff auf Merleau-Ponty als eine »Sphäre«, in die es »durch sein Fleisch[2] immer schon invol-

2 Ich übernehme das bei Merleau-Ponty-Übersetzungen übliche »Fleisch« für »chair«, obwohl ich es als sehr unelegant empfinde. In »Le

viert ist«. Levinas spricht hier nicht ausführlich davon, dass das Ich unabtrennbar in das involviert ist, was es – wenn es nur nach der Intentionalität im Sinne Husserls ginge – erst zu konstituieren habe. Ein »Ich« muss also schon auf irgendeine Weise da sein, bevor (und damit) es seine Konstitutionsleistung beginnen kann. Es ist da, »wie in seiner Haut als Intimität der Inkarnation«.

Es ist bemerkenswert, dass sich Levinas in diesem kurzen Text, in dem außer seinen »klassischen« Bezugsphilosophen wie Aristoteles, Descartes und Husserl kaum Namen genannt werden, gerade in einer entscheidenden Passage auf Merleau-Ponty beruft. Levinas hat das hin und wieder in verschiedenen Texten getan, und Merleau-Pontys Einfluss auf sein Denken ist vermutlich bestimmender als vielfach angenommen. Er hat ihm zuletzt noch im Jahre 1984, also zwei Jahre nach dem vorliegenden Text, einen Beitrag unter dem Titel »Sur la sensibilité« gewidmet, in dem er die Bedeutung der Inkarnation und des Eigenleibs bei Merleau-Ponty hervorhebt. Nämlich als Bedingung für die Einfühlung in den Anderen, allerdings wird das Fehlen einer radikalen Passivität in dieser Einfühlung kritisiert; diese jedoch

visible et l'invisible« ist der dort zentrale Begriff »chair« der gemeinsame Stoff des sehenden Körpers und der von diesem gesehenen Welt, der die Öffnung zur Welt möglich macht.

ist für Levinas – gerade auch im vorliegenden Text – grundlegend. Darin bezieht er sich offenbar v. a. auf das vierte Kapitel von *Das Sichtbare und das Unsichtbare,* in dem Merleau-Ponty das Ineinandergreifen von Leib und Welt beschreibt.

→ Transz. Reduktion

Das reduzierte Bewusstsein hat durch diese Involvierung noch einen weiteren Bestandteil, der von Husserl nicht wegreduziert wurde, nicht wegreduziert werden konnte. Es bleibt, schreibt Levinas, »überdies und ohne willentliche Absicht«, auch Bewusstsein seiner selbst. Es bleibt als ständig vorhandenes »Wissen«, dass es einfach da ist. Dieses Bewusstsein begleitet, ein wenig wie das Kant'sche »Ich denke«, alle intentionalen Prozesse des Bewusstseins, jedoch ohne bestimmtes Ziel: Es ist durch und durch *Passivität.*

Levinas denkt also, mit Hilfe von Merleau-Ponty, eine notwendige Vor-Intentionalität, die eigentlich immer vorauszusetzen bliebe. Und die im eigentlichen Sinn gar nicht als Intentionalität bezeichnet werden kann, weil sie das *Gegenteil* dessen ist, was die Husserl'sche Intentionalität für Levinas ausmacht: ein Wollen.

Muss sich Levinas überhaupt auf Merleau-Ponty berufen? Hat Husserl dieses unter, hinter oder vor diesem konstituierenden, wollenden Bewusstsein liegende »Urbewusstsein« nicht bemerkt oder vergessen? Husserl hat sich in seiner intellektuellen Redlichkeit auch diese Frage gestellt: Ist das intentionale Bewusstsein wirklich die letzte Grundlage, das eigentliche Cogito, von dem die Phänomenologie ausgehen muss? Ein vorsichtiger, aber bei aller Vorsichtigkeit doch deutlicher Hinweis findet sich in den Texten zur Phänomenologie des inneren Zeitbewusstseins. Dort heißt es: »Es fragt sich aber, ob wir nicht sagen müssen, es walte über allem Bewußtsein im Fluß noch das letzte Bewußtsein.«[3] Und: »Es ist aber ernsthaft zu überlegen, ob man solch ein letztes Bewußtsein annehmen muss, das notwendig ›unbewußtes‹ Bewußtsein wäre; nämlich als letzte Intentionalität kann sie (wenn Aufmerken immer schon vorgegebene Intentionalität voraussetzt) nicht Aufgemerktes sein, also nie in einem besonderen Sinn zum Bewußtsein kommen.« Unabhängig davon, ob Levinas diese Passage gekannt hat: Solche Gedanken finden sich bei Husserl, und es wäre nicht verwunderlich, dass Levinas solches auch anderweitig aus ihm herausgelesen hat, auch wenn er es im vorliegenden Text nicht explizit ausweist.

Wir sind damit beim nächsten Schritt der Levinas'schen Suche nach einer Begründung einer Ethik angekommen. Es wird der Schritt zu einer anderen Zeit als derjenigen des aktiven, konstituierenden Bewusstseins sein. Der Schritt weg von der konstituierenden Intentionalität, über sie hinaus,

→ Passive Synthese

3 Edmund Husserl, *Texte zur Phänomenologie des inneren Zeitbewusstseins (1893–1917)*, Hamburg, Meiner 1985, S. 248.

oder vor sie zurück, ist getan. Jetzt (schon gegen Ende von Abschnitt II) wird die Frage gestellt: »Was spielt sich also in diesem nicht-reflexiven Bewusstsein ab«? In diesem nicht-reflexiven Bewusstsein, »das man bloß für prä-reflexiv hält, und das implizit das intentionale Bewusstsein begleitet«? Kann man das, was sich da abspielt, näher benennen?

Abschnitt III beginnt entsprechend mit der Frage: »Kann man sagen, dass das ›Wissen‹ des prä-reflexiven Bewusstseins im eigentlichen Sinn weiß?« In der deutschen Übersetzung erscheint dies als Frage vielleicht etwas abstrakt. Im Französischen ist »Le ›savoir‹ de la conscience pre-réflexive de soi, sait-il, à proprement parler?« eine in keiner Weise ungewöhnliche Formulierung. Man kann wissen, ohne *etwas* zu wissen. Genau diese Spur eines nicht gerichteten Wissens wird Levinas von da an verfolgen.

Er wird einen klaren Trennungsstrich zwischen diesen beiden Bewusstseinsarten, zwischen diesen beiden »Wissensmodi«, ziehen, und damit den Übergang *von der Zeit zur Ethik* vollziehen.

Das prä-reflexive Bewusstsein wird nämlich seines »vor« enthoben. Es ist nicht ein Bewusstsein, das darauf wartet, aus einem unbestimmten Wissen in sicheres Wissen übergeführt zu werden. Es ist nicht eine Intentionalität vor der Intentionalität, sondern eine vorgelagerte *Nicht-Intentionalität.* Es ist keine Intentionalität, weil es sich kein Ziel setzt, weil es reine Passivität ist. »Passivität, die passiver ist als alle Passivität«, wie Levinas in *Jenseits des Seins* häufig formuliert. Es ist nicht eine »Kindheit« der Intentionalität, wie der vorliegende Text sagt, die zum Erwachsenenalter hin überwunden werden müsste. Es ist eine intransitive Intentionalität *sui generis,* ohne Ausrichtung auf ein Etwas.

Diese Nicht-Intentionalität des prä-reflexiven Bewusstseins bleibt bei Levinas nicht in der Abstraktion bloß theoretischer Höhenflüge stehen. Sie wird festgemacht an einer Zeit, die sich als reine Dauer jedem Zugriff des Willens entzieht. Also an einer anderen Zeit als derjenigen, in der das aktive Ich seine Taten (oder Untaten) vollbringt und seine Zeit damit, seine Welt konstituierend, ausfüllt und erfüllt. An einer Zeit, die das Ich über sich ergehen lassen muss, in der die Gegenwart ein ständiges, nicht rückholbares »Sich-Zurückziehen oder eine Diskretion der Präsenz« ist. An einer Zeit, die völlig ohne Zutun des intentionalen Ich passiert, die dieses daher am liebsten vergisst.

Umrissen ist damit eine Zeit, die gerade dadurch dem gewissermaßen dramatischen Aspekt der Zeitlichkeit entspricht: dem Altern. Levinas hat schon in *Jenseits des Seins* das Altern, die »Seneszenz«, als das Modell der »passiven Synthese« Husserls beschrieben, in der das Bewusstsein ohne reflexive Aktivität am Werke ist. Er hat daraus die Bedeutung der Geduld (»patience«) als zentrales Moment der Passivität und der Öffnung zum Anderen abgeleitet. Im vorliegenden Text bezeichnet das Altern zunächst jedoch als »Zeitlichkeit der impliziten Zeit«, als »Zeitspanne« oder »Zeitsprung« (»laps«[4]) den Sprung in eine Zeit, die durch keine Erinnerung rückgängig, in irgendeiner Weise wiederhergestellt oder abgerufen werden kann. Es ist die Zeit der Nicht-Intentionalität, und auf ihr wird, wie erwähnt, der entscheidende Übergang zur Ethik beruhen.

Denn in dieser Zeit kann es nicht darum gehen, was Levinas schon zu Beginn des Textes als zentrale Aufgabe der Intentionalität beschrieben hat: um die Korrelation mit dem Sein, aus der das Ich seine Sicherheit bezieht, da zu sein, und in diesem Dasein einen Sinn zu finden.

Eine solche Sicherheit – das ist der entscheidende Schritt in dieser Phase des Textes – wird ja gesucht (und bis zu einem gewissen Grad immer gefunden) im Gegenstand des intentionalen Bewusstseins, das »seiner Aufgabe nachkommt«, diesen Gegenstand zu konstituieren. So eine Sicherheit kann das nicht-intentionale Bewusstsein in seiner Zeitlichkeit und Passivität nicht aufweisen und vermitteln. Und in einer in seiner Einfachheit bestechenden Wendung wird bei Levinas dieses Sicherheit gebende, aktive, seiner Aufgabe gerecht

4 »laps« bezeichnet eigentlich eine (relativ kurze) Zeitspanne oder Zeitdauer, wird aber von Levinas immer als Ausdruck für den Übergang zur und Möglichkeit für eine dem Husserl'schen Zeitfluss immer schon vorangehende Zeitlichkeit verwendet.

werdende Bewusstsein zum »guten« Bewusstsein alias dem »guten Gewissen«. Und im Umkehrschluss wird damit sein Gegenteil zum »schlechten« Bewusstsein alias dem »schlechten Gewissen«, weil dieses eben keine Sicherheit gibt, seiner Aufgabe nicht nachkommt.[5]

Denn im Unterschied zum intentionalen Bewusstsein, das nichts anderes macht, als dieser Aufgabe, der Herstellung der Korrelation und damit einer minimalen Sicherheit im Ich, nachzukommen, ist das andere Bewusstsein, das diese Aufgabe nicht erfüllt, »schlecht«, sozusagen »daneben«: neben der Spur. Es *verunsichert* dadurch das intentionale Ich in seiner gewohnten, jedenfalls angestrebten Selbstsicherheit, indem es beginnt, *sich in Frage zu stellen.* Und tut damit den Schritt zu einer ethischen Beziehung zur Welt.

Dieser Schritt bedeutet den Übergang von einer (philosophischen) Sprache der transzendentalen Logik in eine Sprache der Ethik, von der Ontologie zur Ethik. In keinem anderen Text hat Levinas meines Wissens diesen Übergang so deutlich und so nachvollziehbar ausgeführt.

5 Das französische »conscience« hat sowohl die Bedeutung von »Bewusstsein« als auch von »Gewissen«. An dieser Doppelbedeutung setzt Levinas an. Sie sind aber je nach Kontext klar unterscheidbar. Im Deutschen wird dieser entscheidende Schritt im Text durch die auch lexikalische Unterscheidungsmöglichkeit im Grunde noch schärfer sichtbar.

Die »Sprache der Ethik« beginnt mit dieser Umdeutung des schlechten Bewusstseins in schlechtes Gewissen. Sie bringt auch eine radikale Umdeutung des »Ich« mit sich. Oder genauer: Sie leitet über zu einem Ich, das eine »Fähigkeit« besitzt, die das intentionale Ich nicht auszeichnete: ein Sich-in-Frage-Stellen – eine Schüchternheit.

Mit dem Herausarbeiten einer Schicht im Ich, die nichtintentional ist, die nicht auf Wollen und Können besteht, hat Levinas die Möglichkeit eines anderen Ich geschaffen, das im »schlechten Gewissen« sprachliche Prägnanz und ethische Konsistenz gewinnt. Der »prachtvollen Herrlichkeit«, einer Souveränität des Ich wird seine andere Seite entgegengestellt, die Bescheidenheit, das Nicht-um-jeden-Preis-dasein-Wollen, die aus dem Sich-in-Frage-Stellen hervorgeht. Denn dieses Ich, das sich in seiner Verunsicherung als gefragt und befragt empfindet, das sich in seiner Passivität angesprochen fühlt, ist durch dieses Gefragt-Werden aufgefordert zu antworten. »Ich« sagen zu müssen, als Reaktion auf dieses »Ich?« des Gefragt-Werdens: »Ja, ich!« Ich bin der, der jetzt und hier da ist und zu antworten hat, auf eine zunächst nicht näher bestimmte Frage, die aber eindeutig an dieses Ich, an mich, gerichtet ist. Als Frage, die mich unaufhörlich begleitet, wenn auch nicht immer hörbar, nicht immer von mir gehört. Und das im Antworten, im Augenblick des Antwortens, die *Verantwortung* übernimmt, sich als Ich zu benennen und zu bekennen.

Eine zweite Wendung von der Logik zu Ethik führt so vom Antworten (logische Reaktion auf die Frage) zur Verantwortung (ethische Reaktion auf das Gefragt-Werden). Levinas bezeichnet diesen Schritt als »Geburt der Sprache« in der Verantwortung. Das kann gelesen werden als kleiner Vorab-Hinweis darauf, was sich am Ende des Textes als dessen wichtigste Schlussfolgerung ergeben wird: Ethik vor Ontologie – die Sprache entsteht aus dem Antworten auf das In-Frage-gestellt-Sein. Die Sprache der Logik, der Ontologie, des Wollens, der Philosophie wird auf dieser Grundlage überhaupt erst möglich, einer ethischen Grundlage, von der sie selbst ablenkt, die sie verdeckt, als eine diesem Denken, der Ontologie, vorgelagerte.

In dieser doppelten Begründung des Übergangs von der Logik zur Ethik – vom guten Bewusstsein zum schlechten Gewissen, vom antwortenden zum verantwortlichen Ich – passiert jedoch gleichzeitig auch eine Art Metalepse, in Form einer Vorreihung des zweiten Ereignisses vor das erste. Und zwar durch die Tatsache, dass diese Prozesse sich zunächst scheinbar in der Sprache abspielen. Das Ich sagt »Ich«, wird zum Ich überhaupt erst durch die Präsenz des anderen Menschen, der ihn durch seine bloße Präsenz anspricht.

Das Antlitz des anderen Menschen als Auslöser des schlechten Gewissens

Der nächste entscheidende Sprung besteht nun im Übertritt von der Logik zur Ethik, wobei die Möglichkeit eines ethischen Verhaltens des Ich zur Welt aus dem Bewusstsein gefolgert wird – aus seiner Zeitlichkeit, seiner Zusammensetzung aus mehreren Schichten, seinem *Doppelgesicht* als Wollen und Passivität. Aber *sichtbar* wird diese zweite Seite erst mit und durch die Existenz des anderen Menschen.

Dieser Sprung ist vielleicht der abrupteste im Text. Bis zu Beginn von Abschnitt IV zeugt der Text völlig von dem Bemühen, eine andere Intentionalität, eine passive Schicht im Bewusstsein auszuarbeiten, und diese an der Zeitlichkeit der Existenz des Subjekts festzumachen. Dem wollenden Teil der Intentionalität wird eine die Zeit als Ablauf erlebende – genauer: hinnehmende – entgegengestellt.

In der Nicht-Intentionalität stellt sich das gute Gewissen in Frage. Es wird als schlechtes Gewissen zum eigentlichen Gewissen, zur ethischen Instanz. Schlechtes Gewissen aber weswegen und wem gegenüber? Die Antwort, die am Ende von Abschnitt III gegeben wird, lautet: im Hinblick auf die Berechtigung, überhaupt da zu sein. Selbst die eigene Endlichkeit, das Wissen um den eigenen Tod, stellt auf der Ebene der Intentionalität das gute Gewissen nicht in

Frage. Die Intentionalität hat ja ein Objekt, ein Korrelat, an dem sie sich reiben kann. Gegen Heidegger formuliert Levinas, dass der eigene (immer verfrühte) Tod zwar Angst auslöst, in seinem Sein zu scheitern, dass jedoch »dieser Skandal … keineswegs das gute Gewissen zu sein« erschüttert. Nur die Passivität des Nicht-Intentionalen stellt, vor jeder (beruhigenden) Beschäftigung mit Korrelaten aller Art, die Berechtigung des Daseins an sich in Frage. Weil sich in dieser Nicht-Intentionalität ohne Objekt das Ich nicht mehr durch ein Wissen und Wissen-Wollen, ein Ausleuchten und Enthüllen von Objekten, von seinem eigenen Ich in seinem bloßen Dasein ablenken kann, und die Frage nach dem »Wozu?« dieses Daseins, also die Frage nach dem Sinn, sich aufdrängt. In der Form des Ich-sagen-Müssens, des Auf-sich-Nehmens dieses Ich, das sich nicht mehr dem Ruf entziehen kann, antworten zu müssen.

Diese Verpflichtung wird vom Ich durchaus als schmerzhaft empfunden. Levinas geht dabei so weit, diesen Zustand mit dem Wort Pascals vom »hassenswerten Ich« zu beschreiben.

Bis dahin erweckt der Text den Anschein, als hätten wir es mit einem Prozess zu tun, der sich im Subjekt abspielt und dessen Bezug nach außen in einem Wegfallen von Objekten besteht. Mit dem Beginn von Abschnitt IV wird von der Dramaturgie des Textes her ein bislang gehütetes »Geheimnis«

gelüftet. Was bisher als innerlicher Prozess beschrieben wurde, erhält nun als Antlitz einen klaren, von der Welt her kommenden Auslöser. Das »Antworten-Müssen«, das Sich-verantworten-Müssen ergibt sich nicht einfach aus dem schlechten Gewissen des nicht-intentionalen Ich, sondern aus der *Angst um (für) den Anderen.* Diese wiederum wird im Ich ausgelöst eben durch das Antlitz des Anderen.

→ Alterität / Antlitz

Nun ist für Levinas-Leser die Bedeutung des Antlitzes für die Möglichkeit einer ethischen Beziehung alles andere als ein Geheimnis. Bemerkenswert erscheint mir jedoch einerseits, dass das Antlitz in diesem Text so spät auftaucht, der sich von Vornherein die Ausarbeitung und Begründung einer Ethik explizit zur Aufgabe stellt. Das liegt m. E. daran, dass der Text eine radikale Umgestaltung dessen im Auge hat, was bisher als »Erste Philosophie« gegolten hat. Dabei kommt dem Antlitz zwar eine zentrale, aber nicht mehr die allein bestimmende Rolle zu wie etwa in *Totalität und Unendlichkeit.* Dieser Philosophie, die in der Gleichsetzung von Sein und Wissen gründet (Aristoteles) und gipfelt (Husserl), ist eine umfassend andere entgegenzusetzen. Diesem Anliegen sind die ersten drei Abschnitte gewidmet. In diesen wird die Grundlage dafür gelegt, dass durch die Zerrissenheit des Ich das Menschliche im Menschen überhaupt denkmöglich wird; dafür, dass der andere Mensch, dass dessen Antlitz überhaupt wahrgenommen werden kann.

Andererseits spielt das Antlitz in diesem Text doch auch eine mit-entscheidende Rolle als Ausgangspunkt für das »schlechte Gewissen«. Die Verunsicherung des Ich durch sein Sich-in-Frage-Stellen, die bis zu Pascals »hassenswertem Ich« geführt hatte, bewirkt, dass das Ich des Anderen gewahr wird, und zwar nicht mehr als ein Jemand, der einen Platz innerhalb meiner Welt einnimmt wie eine Schachfigur, sondern als jemand, der auch *an meiner Stelle* stehen könnte. Dessen Platz ich vielleicht einnehme, den ich jedenfalls – ob bewusst oder nicht – in den (meinen) Schatten stelle, indem ich (wiederum Pascal) meinen »Platz an der Sonne« beanspruche. Dessen Platz ich »usurpiere« – er könnte, wer weiß, an meiner Stelle sitzen. Aber *ich* bin da – doch mit welchem Recht?

»Sich für sein Recht, zu sein, verantworten zu müssen, nicht unter Bezugnahme auf die Abstraktion irgendeines anonymen Gesetzes, irgendeiner juristischen Entität, sondern aus Furcht um den Anderen.« Diese Formulierung ist zu lesen vor dem Hintergrund dessen, was im Text erst noch folgt, eben der *Entdeckung* des Antlitzes des anderen Menschen, das als Phänomen gewiss immer da war und ist, nun aber unter dem Eindruck (unter dem Druck, wäre man versucht zu sagen) des passiven, der Zeit, dem Zeitablauf wehrlos ausgesetzten Ich zum Brennpunkt und zur Spiegelfläche dieser Ausgesetztheit wird.

Levinas kommt damit dem Gedanken zuvor, das schlechte Gewissen könnte wiederum bloß eine neue Volte der Intentionalität sein, eine andere Art des Willens, des Sich-in-Szene-Setzens. Denn diese Sorge um den Anderen steigt zwar hinter meinem Selbstbewusstsein auf, losgelöst und unabhängig davon, was dieses alles anstellt und versucht, um sich ein gutes Gewissen zu verschaffen. Gewissermaßen als unbestimmtes Gefühl, dass das Ich in seiner Zeitlichkeit einfach *da* ist, ohne und vor jedem Ziel, das es sich setzt. Zugleich als Furcht vor etwas Unbestimmtem, zunächst nicht Benennbarem. Aber es wird konkret fühlbar durch das Auftauchen des *Antlitzes*.

Damit kommt Levinas einmal mehr auf diesen zentralen Begriff seiner Philosophie zu sprechen, dem Antlitz als der entscheidenden Bruchstelle der Intentionalität und Möglichkeit ihrer Überwindung zugunsten einer Ethik. Es ist
→ Ausdruck
das »Phänomen«, das sich als Ausdruck des Menschen, der die Welt konstituierenden Intentionalität entzieht, sie ins Leere laufen lässt. Damit schließt Levinas an seine Analysen in *Totalität und Unendlichkeit* und *Jenseits des Seins* an, in denen das Antlitz ausführlich dargestellt wurde. Allerdings bekommt es in der nunmehrigen Beschreibung (»wie ich sie heute sehe«) eine neue Wendung.

In *Totalität und Unendlichkeit* wurde das Antlitz des anderen Menschen als in seiner Schwäche und Wehrlosigkeit unüberwindbarer Widerstand gegen alle aus seinem intentionalen Wollen entstehenden Versuche des Subjekts gesehen, sich die Welt anzueignen und zu unterwerfen. Das Subjekt eignet sich die Welt durch sein sie begreifendes Bewusstsein an, macht sie zu einem Noema für seine Noesen und lässt sie dadurch nicht mehr *anders* sein. In der Sprache von Levinas: Es reduziert alles, was anders ist, auf sein Selbst. Nur lässt das Antlitz des anderen Menschen dies nicht ohne weiteres zu: Es ist nicht beherrschbar, weil es spricht, d.h. sich seine eigene Welt schafft und daher unvorhersehbar ist. Es ist mir zwar in seiner Schwäche wehrlos ausgesetzt, geht aber seine eigenen Wege. Nur durch den Mord kann ich den Anderen wirklich beherrschen. Das Antlitz unterbricht solcherart meine Bestrebungen, der Welt meinen Willen aufzuzwingen – es stellt mich und mein die Welt genießendes Dasein infrage.

→ Korrelation / Noesis / Noema

In *Jenseits des Seins* wird dieses In-Frage-Stellen noch eine Stufe weiter getrieben. Der Andere stellt nicht mehr bloß mein bisheriges Dasein infrage, sondern ermöglicht überhaupt erst ein Dasein als Ich, indem er ständig, in seiner Schwäche und Verletzlichkeit, an mich appelliert und meine Antwort auf diese seine Schwäche einfordert. Dadurch eröffnet er mir eine Verantwortung, weg vom bloßen Dasein für mich selbst. Durch diesen Anruf des verletzlichen Antlitzes des anderen Menschen konstituiert es mich erst als Ich, indem ich mich von meinem, nur auf mich selbst bezogenen Leben abwende und von einem genießenden zu einem ethisch handelnden Ich werde, sofern ich diesen Ruf höre. Ich übernehme die Verantwortung für die Verletzlichkeit des Anderen, auch wenn diese nicht meine Schuld ist. Diese Übernahme geht bis zur *Substitution:* Als Stellvertreter des Anderen werde ich zu einem moralischen Ich. Dabei ist sich Levinas zweifellos immer bewusst, dass er an die Grenzen dessen geht, was »Mensch sein« bedeuten kann. Sein Denken ist das einer radikalen Emphase, einer Übertreibung, eines Ausreizens bis zum Äußersten, ein fast verzweifeltes Anschreiben gegen die egoistische »Natur« des Menschen, um die Utopie eines menschlichen Miteinanders denkbar zu machen.

Die Sorge um die Sterblichkeit des anderen Menschen als Kernpunkt jeder Ethik

Im vorliegenden Text wird diese Emphase auf eine neue Stufe gehoben. Es geht nicht mehr einfach darum, die Verantwortung für den Anderen in seiner Schwäche und Verletzlichkeit zu übernehmen, sondern die Vulnerabilität bekommt einen konkreten Namen: *Sterblichkeit.* In der Sterblichkeit, die sozusagen die *Offensichtlichkeit der Verletzlichkeit* ist, wird die Brücke von meiner Verletzlichkeit zu der des

Anderen geschlagen. Die Frage der eigenen Endlichkeit wird dabei mit einem radikal neuen Sinn erfüllt: Die eigene Endlichkeit wird ihrer vorgeblich fundamentalen Rolle enthoben, indem die Sterblichkeit des Anderen in den Vordergrund gerückt wird.

Es geht nicht um das Heidegger'sche »Sein zum Tode«, dem sich das Dasein heroisch zu stellen hat, um existieren zu können. Dieser Art von (vergeblich) wollendem Willen hat Levinas schon in vielen seiner früheren Texte eine Absage erteilt. Nun wird die Vergeblichkeit dieses Wollens durch die *Sterblichkeit* zum Kernpunkt für ein ethisches Leben. Und das in einem grundlegend neuen Sinn.

Es erscheint allerdings in diesem Zusammenhang bemerkenswert, dass Levinas, bei aller Fortentwicklung seiner Philosophie über die Jahrzehnte hinweg,[6] gerade in der Kritik am »wollenden« Grundzug der Intentionalität, und allgemein an der Bedingtheit des menschlichen Willens, immer festgehalten hat. Ich möchte deshalb kurz auf einen Text aus dem Jahre 1959 eingehen, den Levinas als Vortrag vor dem Collège de Philosophie unter dem Titel »Le vouloir« gehalten hat und der posthum veröffentlicht wurde.[7]

6 Siehe oben, Anmerkung 1.

7 Emmanuel Levinas, *Paroles et Silence et autres conférences inédites au Collège philosophique*, Volume publié sous la responsabilité de Rodolphe Calin et Catherine Chalier, Grasset & Fasquelle, IMEC Editeur, 2009, S. 233–257.

In diesem Text behandelt Levinas eingehend die Frage, ob und unter welchen Bedingungen man von einem »freien Willen« überhaupt sprechen kann, und worin seine grundsätzliche Bedingtheit liegt. Wollen bedeutet Handeln und stößt ganz grundsätzlich an seine Grenzen in einem anderen Wollen. Wollen bedeutet daher immer, das Risiko des Scheiterns einzugehen, insofern es gegen ein anderes Wollen gerichtet ist. Mit diesem Risiko ist notwendigerweise die *Anerkennung* des anderen Menschen verbunden, dem das Subjekt nicht entkommen kann. Das Wollen ist also in seinem Wollen gegen ein anderes Wollen unvermeidlich einer Exteriorität, einem Außen, ausgesetzt. Gegenüber diesem anderen Wollen ist die Macht des eigenen Willens immer beschränkt, und in der Möglichkeit des Scheiterns des Wollens wird zugleich auch die grundsätzliche Möglichkeit, ja Notwendigkeit einer Passivität im Dasein denkbar.

→ Ausdruck

Konkreter Ausdruck dieses anderen Wollens ist natürlich zunächst der andere Mensch, bei Levinas immer das Antlitz, das sich dem Zugriff des Subjekts entzieht. Darüber hinaus bleibt der in seiner Unvermeidlichkeit die absolute Grenze meines Wollens aufzeigende Tod hinzuzudenken. Aber die wirkliche Probe, die Nagelprobe, die »höchste Herausforderung« (»suprême épreuve«) für den eigenen Willen sind Krankheit und Leiden, nicht der Tod. Denn der Tod ist zwar die »Exteriorität par excellence«, aber er ist immer zukünftig. Im Leiden hingegen *erlebt* das Ich die höchste Form von Gewalt, den Beweis, wie eingeschränkt mein »freier Wille« durch die Realität wird. Ich muss mich dem Leiden *hier und jetzt* stellen. Das Heilmittel dagegen ist – die Medizin. Das Heilmittel gegen den Tod hingegen ist – die Zeit.

Bereits in diesem frühen Text besteht Levinas also auf der Bedeutung der Zeit: und zwar nicht als Allheilmittel (»Die Zeit heilt alle Wunden«), sondern als Grundvoraussetzung für die Möglichkeit eines Ausbruchs aus dem vermeintlich selbstverständlichen Vorrang des Ich und seines egoistischen Interesses. »Avoir conscience, c'est avoir du temps« – Bewusstsein haben heißt Zeit haben. Dieser Satz prägt über weite Strecken auch *Totalität und Unendlichkeit*. Bewusstsein haben – Gewissen haben. Ich habe auf diese Doppelbedeutung des französischen Wortes »conscience« bereits hingewiesen. Bewusstsein haben heißt also Zeit haben, sich Zeit geben, um dem ständigen Druck des Seins auf das Ich, sich selbst zu wollen, zu widerstehen. Schon in »Le vouloir« heißt es: »Bewusstsein haben bedeutet Zeit haben, sich zum Sein und seinen (tödlichen) Druck wie auf eine Zukunft zu beziehen, im Kontakt zu diesem Druck eine Distanz zu bewahren.«[8]

8 Ebd., S. 248, meine Übersetzung.

Entworfen wird ein solches Verhalten zur Zeit als Gegenwart, wie es in *Totalität und Unendlichkeit* und in *Jenseits des Seins* als »Geduld« (»patience«) ausführlich behandelt wird und zum Gegenstück der Intentionalität als Wille und zum Inbegriff einer »Beherrschung in einem neuen Sinne«,[9] zu einer Art Gegen-Intentionalität wird. In *Totalität und Unendlichkeit* heißt es, dass »die ultimative Passivität [...] sich jedoch verzweifelt in Akt und Hoffnung umwandelt«; da ist die Geduld Passivität des Erduldens und dennoch »die Beherrschung selbst«, aber eben Beherrschung in einem neuen Sinn. In dieser Geduld durchbricht nämlich der Wille die Kruste des Egoismus und lässt einen neuen Willen zum Durchbruch gelangen, der seinen Schwerpunkt außerhalb seines Selbst hat. Das Subjekt lebt nicht mehr für sich selbst, sondern »gegen jemanden, und für jemanden, der eigene Tod berührt ihn nicht mehr«.[10]

In *Jenseits des Seins* wird diese Geduld, diese Beherrschung in einem neuen Sinn, »trotzdem«[11] genannt, Geduld des Alterns, »Seneszenz«, Überdruss, Müdigkeit, Beunruhigung des Ich, alles Ausdrücke, die ein Abwenden des Ich von seinem Ichsein nur für sich selbst zum Ausdruck brin-

9 *Totalität und Unendlichkeit*, S. 266.

10 Ebd., S. 268, Hervorhebung von Levinas.

11 In *Jenseits des Seins* ist ein ganzes Kapitel diesem »Trotzdem« gewidmet, »Malgré soi«, das in der deutschen Übersetzung etwas unglücklich mit »Wider Willen« wiedergegeben wird.

gen – im Sinne der Möglichkeit einer Ethik, trotz allem, was von der »Natur« des Menschen aus dagegenspricht.

Der Schritt zur Sorge vor der Sterblichkeit des anderen Menschen erfolgt in diesen Texten jedoch noch nicht. Dies bleibt der *Ethik als Erste Philosophie* und seiner Interpretation der Gegen-Intentionalität als schlechtes Gewissen vorbehalten. Wenden wir uns, nach diesem Ausflug in frühere Texte von Levinas über die Intentionalität als Wollen, damit wieder dem vorliegenden Text zu.

Erste Philosophie als Rückkehr zum Innersten im Ich

Nach der Begründung der Ethik aus der Zeit, der Uminterpretation des Gewissens und der Bedeutung des Antlitzes als »beunruhigendes Außen« für eine Ethik bleibt die Frage, was für diese Ethik den Ausdruck »Erste Philosophie« rechtfertigt. Gewiss geht es nicht darum, die Ethik als eine Art von Regionalontologie zu etablieren, von der aus andere Bereiche der Philosophie begründet werden könnten. Auch sind gerade in diesem Text keine letzten (moralischen) Vorschriften zu erkennen, kein »Du musst« oder »Du sollst nicht«. Dieser Text ist vielmehr der Versuch eines Vorstoßes des Denkens in die tiefsten, jedem Denken als Wissen vorgelagerten, in diesem Sinn verstecktesten, weil von der

Philosophie, »wie sie uns überliefert ist«, vergessenen Bereiche des Menschseins. In Bereiche also, die diese Philosophie jedenfalls in ihren radikalen Konsequenzen und Verwurzelungen zu denken übersehen hat. Ein Denken, das jetzt, nach dem und in dem von Husserl erreichten Schlusspunkt, und mit dessen Hilfe, in seiner Begrenztheit erkannt werden kann. Jetzt, d.h. nach Husserl (und Heidegger) und nachdem die Geschichte augenfällig gemacht hat, wohin »gutes Gewissen«, »Denken als Wissen«, erste Philosophie als »Wissen-Wollen« führen können.

In den Schlusspassagen des Textes zeigt sich das deutlich. Hier wird die Verantwortung des Ich gegenüber dem anderen Menschen als Inbegriff des Ethischen, wie sie in *Jenseits des Seins* ausführlich dargestellt wurde, *qualifiziert:* als Verantwortung für die *Sterblichkeit des Anderen,* als Sorge um ihn und seinen Tod. Damit entfernt sich Levinas einen großen Schritt weg von der Beschwörung von Verantwortung, wie sie gerade in *Jenseits des Seins* als Betroffenheit von der Verletzlichkeit des Anderen in seiner Schwäche und der Wehrlosigkeit seines Antlitzes beschrieben wurde.

Ab nun gilt keine Ausrede mehr: Die absolute Schwäche des Anderen, seine Verletzlichkeit, kann durch keine Rolle oder Maske verdeckt werden, die er in Gesellschaft, Familie oder Politik über sein Antlitz gezogen hat. Er ist nackt und wehrlos in seiner Sterblichkeit. Auch der (theoretisch mögliche) Einwand meiner eigenen Schwäche zur Relativierung meiner Verantwortung gilt nicht mehr: Meine eigene Sterblichkeit taugt als Einwand nicht. Denn sie ist geradezu der Beweis für die Sterblichkeit des Anderen, und meine eigene Sterblichkeit und die Furcht davor, sie in das Zentrum meiner Aufmerksamkeit zu stellen, zeigt schon in ihrer schieren Ausweglosigkeit die Vergeblichkeit des Unterfangens, ihren sinnentleerten Egoismus. Allein die Übertragung dieser Furcht auf die Sorge um den Tod des Anderen befreit das Ich von der quälenden Sorge um sich selbst, von diesem »Skandal« seines unvermeidlichen Scheiterns, dem es durch seinen unablässigen Versuch, sich trotz des Wissens um sein Scheitern eines guten Gewissens zu versichern, seine Schärfe nehmen möchte. Und sich dabei immer stärker in seine Sorge um sich selbst verwickelt, bis es am Höhepunkt seiner Sorge sein eigenes Ich als »hassenswert« empfindet, weil es sich ständig ausweglos im Kreis dreht.

Gerade dieser Höhepunkt bringt die Möglichkeit mit sich, die Furcht um sich selbst in die Furcht um den Anderen umschlagen zu lassen. Das erfordert – lassen wir Levinas selbst sprechen – keine »theoretische Antwort in Form einer Information«, ist keine »praktische Notlösung, die über das Scheitern des Wissens hinwegtrösten soll«. Stattdessen ist es die Rückkehr der Intentionalität zum nicht-intentionalen Bewusstsein, ins Innerste dieses Bewusstseins: zum schlechten Gewissen. Das gute Gewissen kann an diesem Punkt mit keiner Spitzfindigkeit mehr über die Unzulänglichkeit seiner Bemühungen hinwegtäuschen, sich aus sich selbst heraus zu rechtfertigen.

Die Intentionalität als Wissen und gutes Gewissen zeigt sich solcherart als eine Schicht, die das Ich über sein Innerstes gezogen hat, vielleicht ziehen musste. Das gute Gewissen zeigt sich, noch einmal Husserl bemühend, als das Vergessen dieses letzten, tiefsten oder höchsten Horizontes: als Vergessen der Frage nach der Rechtfertigung des Seins. Das gute Gewissen ist Vergessen und Verdecken, Verstecken des schlechten Gewissens, welches – und das ist zweifellos eine eigenwillige, aber für das Verständnis von Levinas entscheidende Interpretation dieses Begriffs – nichts anderes ist als ein anderer Ausdruck und eine letzte Grundlage für das Gewissen schlechthin, also für Ethik.

Damit erfährt die etappenweise verfahrende Logik dieses Textes am Schluss eine letzte Zuspitzung, die gleichzeitig eine Auflösung der aufgebauten Spannung ist und einen anderen Blick auf das Denken ermöglicht, ja geradezu erfordert. Auf der Grundlage eines nicht-intentionalen schlechten Gewissens und der Begegnung mit dem Anderen, in dessen Antlitz das Ich seine Verletzlichkeit und Sterblichkeit sieht, löst es sich von seiner Fixierung auf sich selbst. Es löst sich vom Denken an seine eigene Sterblichkeit, aus der es kein Entkommen gibt, und die als solche auch keinen Sinn, sondern nur Angst um sich selbst erzeugt. In der *Entdeckung der Sterblichkeit* des Anderen und der Sorge um ihn in seiner Verletzlichkeit, löst sich die egoistische Selbstbezüglichkeit auf – hin auf etwas, das die Hinwendung und Zuwendung des Ich erfordert; das es vom beharrlichen Denken an sich selbst, von seinem anmaßenden Vorrang vor dem Anderen, vor seiner Angst um sich selbst befreit. »Die Furcht um den Anderen, Furcht um das Leben des anderen Menschen, ist *meine* Furcht, aber es ist keineswegs ein Erschrecken«. Sie macht keine Angst, sondern befreit von dieser.

In dieser Übertragung der Furcht um sich selbst auf die Sorge um den Anderen ereignet sich das »Wunder des vom eigenen Ich befreiten Ich« – das Menschliche hinter dem bloßen Beharren auf sein eigenes Sein. Dies wäre die Möglichkeit der Ethik jenseits des selbstbezogenen Lebens. Es ist, sagt Levinas, ein »Wunder«, das aus der Krise entsteht, in die das schlechte Gewissen und die Begegnung mit dem Antlitz des anderen Menschen fast unvermeidlicherweise, aber in aller Logik führt. Denn das Ich entdeckt sich in der Sterblichkeit das Anderen selbst neu und anders: als fähig, sich vom Haften an das eigenen Ich zu lösen und in dieser Loslösung bisher ungeahnte Sinnmöglichkeiten zu finden. In dieser Neuentdeckung des Ich als mit der Fähigkeit zu ethischem Leben seit jeher, vor jedem Wissen, ausgestattet, liegt die Rechtfertigung der Rede von der Ethik als Erster Philosophie. Die Ethik, der Vorrang des Anderen, das Menschliche im Menschen, ist nichts anderes als eine Rückkehr in das Innerste seines Selbst, in das nicht-intentionale Bewusstsein des bloßen Vergehens der Zeit. Rückkehr zu einem Bewusstsein, das als schlechtes Gewissen vor dem großen Auftritt zur Selbstbehauptung schon immer da ist, so wie der andere Mensch vor mir da ist, mich anspricht und mein Denken als Wissen überhaupt erst ermöglicht.

Glossar

Alterität / Antlitz

Das Problem der Alterität des Anderen, und damit des Antlitzes des anderen Menschen, bildet bekanntermaßen das Zentrum des Denkens von Levinas. Auch hier geht er von Husserl aus, um dessen Ansatz weiterzuführen und letztlich zu ganz anderen Ergebnissen zu gelangen. Husserl hat das Problem der Intersubjektivität wohl am klarsten in den *Cartesianischen Meditationen* formuliert: Wie kann mein Ego ein anderes transzendentales Ego konstituieren, das als anderes an sich absolut unzugänglich sein muss, und gleichwohl als seiendes erkannt werden kann, weil es sonst außerhalb jeglicher Erfahrung stünde. Dieses andere Ego wird von Husserl durch »Appräsentation«, d.h. Hineinfühlen in den Anderen als Leib, der mir grundsätzlich als solcher ähnlich ist, als »Alter Ego«, erkannt. Von dieser Einfühlung in einen anderen als Leib als Ausgangspunkt konstruiert Husserl seinen komplizierten Stufenbau von Einfühlungen, von der psychischen Sphäre bis zur Konstituierung einer Gemeinschaft.

Levinas kritisiert an diesem Ansatz, dass die Anderen, auf welchen Umwegen auch immer, vom eigenen Ego aus konstruiert werden und so Abbilder des Ich bleiben. Sein

Denken zielt darauf ab, die Alterität von ihrer Bindung an das Ich zu lösen und eine tatsächliche Exteriorität zu denken, die in keiner Weise vom Ich abhängig bleibt.

Als erster Schritt dahin muss mit dem Vorrang des Denkens als Wissen gebrochen werden. Denn Erkennen-Wollen heißt für Levinas immer: alles, was anders ist, in einen von mir erkennbaren, i. S. von berechenbaren Rahmen zu stellen, und solcherart keine echte Alterität zuzulassen. Dann wird, als zweiter Schritt, eine Form von Alterität gedacht, die zwar auf der Ebene des Leibes, aber gleichzeitig nicht in seinem Status als innerweltliches Phänomen eingeschlossen bleibt. Levinas findet diese Alterität im Antlitz der anderen Menschen. Das Antlitz erscheint zweifellos als Phänomen in der Welt, durchstößt jedoch ständig seine Form als Phänomen, weil es spricht und dadurch für mich nicht ohne Rest, umfassend, fassbar und begreifbar ist. Dadurch entzieht es sich meinem Zugriff, meinem Willen. Es verweist auf eine Alterität, die nicht von mir begründet wird, in keiner Abhängigkeit von mir steht, die »unendlich anders« ist als ich. Das Antlitz ist absolut transzendent. Es stellt dadurch meinen Anspruch, die Welt durch Wissen, wie es im Text heißt, »alle dunklen Ecken […] aus[]leuchten« zu können, in Frage, und öffnet mich so einem Denken, das einen Vorrang des Anderen möglich macht und meinen Egoismus durchbricht – Möglichkeit von Ethik.

Ausdruck (»Expression«)

Für Levinas ist Ausdruck *nicht* eine äußerlich sich darstellende innere Zuständlichkeit, wodurch eine Erkenntnis des Inneren des Anderen erlangt werden könnte – das wäre wieder »Denken als Wissen«.

Im *Ausdruck* bringt sich, ganz im Gegenteil, das Antlitz als das ganz Andere zum Vorschein, das ich nicht kennen kann und das mich daher beunruhigt. Indem es sich ausdrückt, überschreitet das Antlitz den Rahmen seines Daseins als Phänomen, das der Analyse des intentionalen Bewusstseins unterliegt und so im Prinzip erkannt und begriffen werden kann. Der Ausdruck ist damit die ständige Begleiterscheinung der Alterität des anderen Menschen, die meine Bemühungen, ihn ergründen zu können, ins Leere laufen lässt, mir die Grenzen meiner Macht über ihn (meines »Können-Könnens«) aufzeigt. Im Ausdruck öffnet sich der Andere in seiner Nacktheit und Hilflosigkeit, im Ausdruck setzt sich der Andere als Anderer, von mir nicht begreifbar, aus und appelliert an mich. Der Ausdruck ist Appell an meine Verantwortung für den Anderen in seiner Schwäche. Er ist nicht Zeichen, von dem aus ich Schlüsse darüber ziehen könnte, was hinter dem Phänomen des Antlitzes steckt, wie ich ihm begegnen soll oder Ähnliches; sondern der Ausdruck ist unmittelbarer Anruf des Anderen an meine Verantwortung für ihn in seiner Schwäche. In der »Ethik als Erste Philosophie« ist die Sterblichkeit des anderen Menschen höchster Ausdruck dieser Schwäche. Der Ausdruck ist hier geradezu Synonym für das Ausgesetzt-Sein des anderen Menschen in seiner Sterblichkeit.

Diachronie

Als Diachronie bezeichnet Levinas eine Zeit, durch die er die alleinige Gültigkeit der Husserl'schen Analysen des inneren Zeitbewusstseins bestreitet. Für Levinas laufen dessen Analysen letztlich auf einen Vorrang der Gegenwart hinaus. Durch das Konzept der »lebendigen Gegenwart« (»présent vivant«) als Einheit von Retention und Protention, im Weiteren dann auch von Wiedererinnerung und Projektion (Zukunft), ordnet das Subjekt in seinen Vorstellungen Vergangenheit und Zukunft der erlebten Gegenwart unter.

Dagegen postuliert Levinas mit der Diachronie eine Zeit, die nie Gegenwart war und daher auch nicht als Gegenwart intentional bewusst erlebt werden kann. Sie ist als »unvordenkliche Vergangenheit« (»passé immémorial«) zu denken, die unter der erlebten Zeitlichkeit schlummert und sich nur von Zeit zu Zeit durch ein Aufblitzen, ein Blinken (»clignotement«) bemerkbar macht. Dies ist zu verstehen vor dem

Hintergrund der Levinas'schen Grundannahme, dass das Bewusstsein als intentionales Bewusstsein sich beständig in der Konstituierung der Welt bestätigt (darin besteht ja sein Daseinsgrund), und sich solcherart seines Daseinssinns versichert, sich ein »gutes Gewissen« verschafft.

Das kaum vernehmbare Aufblitzen einer gänzlich anderes Zeitlichkeit, und damit eines gänzlich anderen Daseinsmodus des Bewusstseins (eines Modus, in dem es sozusagen ständig im Dunklen tappt), verunsichert dieses und führt dazu, dass es ein angestrebtes durchgehendes Leben in Selbstzufriedenheit immer wieder durchbricht. Insofern bewirkt die Diachronie auf der Ebene der Zeitlichkeit genau das, was die passive Synthese auf der Ebene des Bewusstseins ausmacht: ein Element der Störung des Dahinlebens, die das Subjekt in seinem selbstgewissen Leben aufweckt und für Anderes, Neues öffnet: für den anderen Menschen.

Intentionalität

Die Intentionalität ist die eigentlich grundlegende Kategorie der Phänomenologie. Sie charakterisiert für Husserl den allgemeinen Grundzug von Erlebnissen, »Bewusstsein von etwas« zu sein. Auf diese Weise konstituiert das Bewusstsein die Gegenstände und letztlich die Welt, in einem ständigen Prozess der wechselseitigen Beeinflussung. Diesen Prozess zu beschreiben ist die Aufgabe der Philosophie, die deshalb wesentlich Phänomenologie ist.

Auch für Levinas ist die Intentionalität Ausgangspunkt seines gesamten Denkens. Allerdings bleibt er nicht bei deren Definition als letztem Grund für das konstituierende Bewusstsein, sondern nimmt ein vor- oder nicht-intentionales Bewusstsein an, das jeder konstituierenden Intentionalität vorgelagert ist und deren Aktivität überhaupt erst ermöglicht. Der Text *Ethik als erste Philosophie,* wie im Grunde das gesamte Spätwerk von Levinas, ist wesentlich der Begründung und Darlegung dieser »anderen« Intentionalität gewidmet.

→ Korrelation / Noesis / Noema

→ passive Synthese

Korrelation / Noesis / Noema

Für Husserl das Grundproblem der Erkenntnis: Wie kann Erkenntnis ihrer Übereinstimmung mit den erkannten Objekten gewiss werden? Das Problem ergibt sich daraus, dass für Husserl das intentionale Bewusstsein, das immer Bewusstsein von etwas ist, auf je unterschiedliche Weise den Gegenstand und seinen Sinn erst konstituiert. Solange die Frage, *auf welche Art und Weise* sich dieses Bewusstsein auf den Gegenstand bezieht, nicht beantwortet ist, bleibt Erkenntnis naiv und kann den Gegenstand nicht adäquat erfassen. Dieses adäquate Erfassen wird durch die phänomenologische Methode der Reduktion ermöglicht, die deutlich macht, dass zwischen Erkenntnisakt (cogitatio, Noesis) und Erkenntnisgegenstand (cogitatum, Noema) eine unauflösbare, aber sich ständig wandelnde *Korrelation* besteht, und dass jeder Gegenstandsbezug an einen Horizont subjektiver Erscheinungsweisen rückgebunden bleibt. Durch dieses adäquate Erfassen könnten, wie Levinas in *Erste Philosophie* in kritischer Bezugnahme auf Husserl schreibt, im Prinzip alle »dunklen Ecken« des Universums ausgeleuchtet werden.

Levinas bestreitet nicht die Rechtmäßigkeit eines solchen Anspruchs. Er bezweifelt allerdings, dass die Suche nach dieser Art von Korrelation das letzte und höchste Ziel menschlichen Denkens ist oder zu sein hat. Vielmehr muss ein vor jedem Wissenwollen liegendes, von diesem unabhängiges Bewusstsein angenommen werden, welches immer schon da ist, und in seiner bloßen Dauer, in seiner Passivität Grundlage jedes auf Wissen gerichteten Bewusstseins ist. Dieses nicht-intentionale Bewusstsein sucht nicht die Korrelation mit der Welt, um sie zu verstehen und sie dadurch zu beherrschen, sondern nimmt das Leben in seinem Ablauf (»Altern«) auf sich, und kann gerade darin einen anderen Sinn als den der Erkenntnis finden. Nämlich den Verzicht auf den Vorrang des Ich und seiner Ansprüche zugunsten

→ Passive Synthese

des Vorrangs des anderen Menschen in dessen Verletzbarkeit und Hilfsbedürftigkeit. Die Suche nach der Korrelation Mensch – Welt als ultimatives Ziel des Denkens wird aufgehoben und ersetzt durch das Anerkennen einer Disproportion gegenüber dem Anderen und meiner Verantwortung ihm gegenüber.

Nähe (»Proximité«)

Die *Nähe* bezeichnet bei Levinas ab *Jenseits des Seins* das besondere Verhältnis zwischen mir als Subjekt und dem Antlitz des anderen Menschen. Sie ist weder räumlicher Abstand noch zeitliches Intervall, sondern die ungeheure, nicht fassbare Präsenz dieses Antlitzes. Eine Präsenz, die mir weder Zeit noch Raum für das Ein- oder Abschätzen meines möglichen Handelns ihm gegenüber lässt, sondern vielmehr an das Einzige appelliert, das mir vor jedem bewussten Handeln zu tun bleibt: an meine Verantwortung für den Anderen. Die Nähe tritt damit in gewisser Weise an die Stelle des Ausdrucks »von Angesicht zu Angesicht« (»face-à-face«), der in *Totalität und Unendlichkeit* noch als zentraler Begriff das Verhältnis zum Antlitz bestimmt und der aus Sicht des späteren Levinas wohl noch zu sehr Anklänge an ein räumlich oder zeitlich gedachtes Phänomen enthält, was das Antlitz ja gerade nicht ist.

Passive Synthese

Die aktive Synthese bezeichnet bei Husserl die Leistung des Bewusstseins, wie Wahrnehmung, Erklärung, Prädikation u. Ä., die aus der Vielfalt des Seienden die Erkenntnis des Gegenstandes ermöglicht, letztlich Erkenntnis überhaupt. Es sind dies Leistungen, die Husserl Leistungen des »aufmerkenden Bewusstseins« nennt.

Schon Husserl stellt aber fest, dass dieses aufmerkende Bewusstsein ständig umspielt ist von einer Art Hintergrundbewusstsein, einem vor-intentionalen Bewusstsein, das also nicht-aufgemerkt bleibt bis zu dem Zeitpunkt, da ein Reiz eine Konzentration des Bewusstseins auf einen Gegenstand auslöst, und es damit zum eigentlichen Bewusstsein, zum Bewusstsein von … wird. Dieses vor-intentionale Bewusstsein bezeichnet Husserl auch als passive Synthese, da sie in gewisser Weise unabhängig von jeder Konstitution von Gegenständen als Sedimentierung oder Habitus im Hintergrund als Basis für jede aktive Bewusstseinsleistung präsent bleibt.

Levinas greift den Begriff auf, gibt ihm jedoch einen von der Konstituierungsleistung des Bewusstseins getrennten Status. Er bindet die passive Synthese an eine von jeder Gegenstandskonstituierung losgelöste Zeitlichkeit: an die Zeit, die vergeht (»se passe«), die sich im Bewusstsein zwar abbildet, von ihm bemerkt wird, von allen seinen möglichen Initiativen jedoch völlig unabhängig ist. Die passive Synthese erfolgt unabhängig von Bewusstsein, weil und insofern sie körperlich ist und vom Bewusstsein, wie sehr immer dieses sich bemühen mag, in keiner Weise beeinflusst werden kann. Um die Körperlichkeit dieser Zeitlichkeit zu veranschaulichen, bemüht Levinas das ALTERN und die damit (unfreiwillig) verbundene Tugend, die GEDULD (»patience«). Indem das reine Vergehen der Zeit als Altern sich dem Zugriff des Bewusstseins entzieht, beunruhigt es dieses. Das Bewusstsein stellt sich in Frage, spürt eine Beunruhigung hinter seinen Bemühungen, als sinngebende und orientierungsmächtige Instanz gegenüber der Welt aufzutreten – diese Beunruhigung tritt als »schlechtes Gewissen« in das Bewusstseinsleben des Ich ein. Damit wird neben dem aktiv ständig das Leben bestimmenden intentionalen Bewusstsein Platz für etwas anderes gemacht, das den Vorrang des Ich beeinsprucht. Bei Levinas wird dieses Andere letztlich das Antlitz des anderen Menschen sein.

Psychismus

Im vorliegenden Text wird das Wissen als »Psychismus oder Pneuma des Denkens« bezeichnet; dies ist vor dem Hintergrund der Bedeutung zu verstehen, die »Pychismus« in *Jenseits des Seins* (v.a. im Kapitel »Sensibilität und Psychismus«) annimmt. Psychismus ist bei Levinas ein anderes Wort für Seele, in dem aber die grundsätzliche Zerrissenheit dieses Innersten des Menschen zum Ausdruck kommt. Psychismus ist »der Andere in mir«, der keine Identität des Ich mit sich selbst zulässt. Der Andere in mir ist das, was mich im Angesicht des anderen Menschen nicht in Ruhe lässt, mich ruft und mahnt. Das kann bis zur Besessenheit und Pychose gehen; die Seele ist, wie es in einer Fußnote heißt, bereits »Keim des Wahnsinns«. Damit wird dem Denken als beruhigendes Suchen nach Wissen eine Absage erteilt: Solches Denken scheitert daran, dass die Unruhe als Anspruch des anderen Menschen im Innersten jedes Ich, als Psychismus einen festen Platz hat, auch wenn der unvermeidliche Egoismus diese Unruhe unablässig zu umgehen versucht.

Transzendentale Reduktion

Die *epoché* oder Transzendentale Reduktion gilt als Kernstück der Husserl'schen Phänomenologie. Durch sie soll der Bereich des »reinen Bewusstseins« erschlossen und Verständnis darüber erlangt werden, wie dieses Bewusstsein die Welt konstitutiert. Erreicht werden soll dies, indem die Generalthesis der Existenz der Welt und der mundanen Daseinsinteressen des Menschen ihr gegenüber eingeklammert werden. Die Vorgegebenheit der Welt wird sozusagen aufgehoben, es wird von ihr abgesehen, was eine Konzentration auf die Art und Weise ermöglichen soll, wie das Bewusstsein sich die Welt erschließt, sie erlebt und versteht. Dieses, wie Husserl sagt, »Außer-Spiel-Setzen« aller lebensweltlich interessierten Akte erlaube einen ungetrübten Blick auf das Wirken des intentionalen Bewusstseins.

Levinas greift die Grundidee der Methode der Reduktion als Bewegung das »Einklammerns« der Welt auf, verschiebt jedoch deren Ziel. Für ihn steht nicht ihre Rückführung auf den Pol der Bewusstseinsakte im Mittelpunkt; vielmehr interpretiert er das »Außer-Spiel-Setzen« der Welt als Forderung, diese Welt nicht mehr als gegeben, als Substanz zu begreifen, sondern als immer vorläufiges Ergebnis intentionaler Erlebnisse mit ihren ständig weiterverweisenden Horizonten. Damit will er jedes Substanzdenken überwinden.

Auch hier wieder tritt an die Stelle der immer Sicherheit anstrebenden Konstitution der Welt und ihrer Gegenstände durch das Bewusstsein eine ruhelose Bewegung, die das Ich antreibt und beunruhigt. An der Stelle der transzendentalen Reduktion mit ihrem Ziel des Aufweises gesicherter Korrelationen zwischen Welt und Bewusstsein betont Levinas die Dynamik der Sinnhorizonte des suchenden Bewusstseins und deren ständige Überschreitung durch wieder neue Horizonte. Diese Dynamik führt jedoch zu keinerlei gesicherter Erkenntnis und kann durch keine Reduktion aufgehalten werden; sie kann nur unterbrochen werden.

Diese Unterbrechung ist eine radikale: An die Stelle der (aussichtslosen) Sinnsuche durch Erkenntnis des Phänomens »Welt« wird das Hereinbrechen des sich jeder Erkenntnis entziehenden Nicht-Phänomens »Antlitz des anderen Menschen« gesetzt, welches das Gewirr der Sinn-Horizonte durch ein plötzlich hereinbrechendes »Wissen« um eine Verantwortung vor diesem Anderen ersetzt. »Verantwortung für« statt »Wissen um« wäre eine Formel für die Levinas'sche Reduktion.

Handbibliothek

Werke von Emmanuel Levinas

Totalité et infini, essai sur l'extériorité. The Hague: Martinus Nijhoff Publishers 1961. Deutsch: *Totalität und Unendlichkeit*, Übers. v. Nikolaus Krawani, Karl Alber 1987.

Autrement qu'être ou au-delà de l'essence. The Hague: Martinus Nijhoff Publishers 1974. Deutsch: *Jenseits des Seins oder anders als Sein geschieht*. Übers. v. Thomas Wiemer, Freiburg: Karl Alber 1992.

De Dieu qui vient à l'idée. Paris: Vrin 1982. Deutsch: *Wenn Gott ins Denken einfällt*. Übers. v. Thomas Wiemer. Freiburg / München: Karl Alber 1985.

De l'existence à l'existant. Paris: Vrin 1973. Deutsch: *Vom Sein zum Seienden*. Übers. v. Anna Maria Krewani und Nikolaus Krewani. München / Wien: Hanser 1995.

Entre nous, Essais dur le penser-à-l'autre. Paris: Grasset 1991. Deutsch: *Zwischen uns. Versuche über das Denken an den Anderen*. Übers. v. Frank Miething. Freiburg / München: Alber 1997.

Aus dem Nachlass: *Parole et silence et autres conférences inédits au Collège philosophique*. Paris: Editions Grasset et Fasquelles 2009.

Einführungen

Catherine Chalier, *Levinas. L'utopie de l'humain*, Paris: Albin Michel 1993. Immer noch eine der besten Einführungen in das Denken von Levinas.

Marie-Anne Lescourret, *Emmanuel Levinas*, Paris: Flammarion 1994. Stark biographisch orientiert.

Corine Pelluchon, *Pour comprendre Levinas – un philosophe pour notre temps*. Paris: Seuil 2020.
Sehr umfassende Darlegung mit Bezugnahmen auf aktuelle Debatten wie Medizinethik und Ökologie.

Félix Perez, *Apprendre à philosopher avec Levinas*. Paris: Ellipses 2016. Eher anspruchsvolle, nicht unbedingt systematisch angelegte Einführung.

Auf Deutsch erschienen:

Werner Stegmaier, *Emmanuel Levinas zur Einführung*. Hamburg: Junius 2019.

Werner Stegmaier, *Levinas*. Freiburg: Herder 2002.

Bernhard H. F. Taureck, *Emmanuel Levinas zur Einführung*. Hamburg: Junius 2009.